Die Weisheit der Muschel

UWE WOLFF

Die Weisheit der Muschel

Geschichen vom inneren Reichtum

GRÜNEWALD

Für Jaakob Elias Wolff

Inhalt

Die Wundermuschel
Umhüllt von der Liebe

Zum Erstaunen bin ich da.

JOHANN WOLFGANG VON GOETHE

····· Muscheln gehören zu meinen frühesten Erinnerungsbildern. Als Kinder bekamen wir einmal eine Wundermuschel geschenkt. So nannten wir jene chinesischen Muscheln, die zwischen den Schalen ein Geheimnis bargen. Die Wundermuscheln waren etwa vier Zentimeter groß, von glatter leuchtender Oberfläche, meist hellrötlichbraun oder cremefarben. Ihre dreieckigen Schalen waren mit einem Papierstreifen umschlossen. Wir wussten, dass sich in jeder Muschel ein Geheimnis befand. Wir warfen unsere Muschel in ein Glas mit Wasser und warteten. Nach einer Weile war der Papierstreifen durchweicht. Die Muschel öffnete ihre Schalen und aus ihrer Mitte entfaltete sich eine farbenprächtige Blume, die wuchs und wuchs und bald das Glas ausfüllte. Wir staunten über diesen kleinen Schatz und hätten gerne weiterer Wundermuscheln ihr Geheimnis entlockt. Doch war das Geld knapp. Tante Martha aber zeigte sich wie immer erfinderisch und bastelte eine neue Wundermuschel.

····· Wenn ich an meine Kindheit denke, erinnere ich mich auch an wunderbare Sommerferien am Meer, an Geborgenheit, Schutz, Wärme und Liebe. Jeder Mensch hat in sich einen Schatz von Bildern, Klängen, Gefühlen, Gedanken und

Erinnerungen. Diese Schätze sind in uns verborgen wie die bunte Blume zwischen den geschlossenen Schalen der Wundermuschel. Ohne sie wäre das Leben farblos. Sie gehören zu unserem inneren Reichtum. In den Stürmen des Lebens vergessen wir manchmal diese Schätze. Sie werden von den Sorgen des Alltags zugedeckt. Wir vergessen, wie wunderbar unser Leben doch ist. In solchen Stunden schenkt die Muschel Inspirationen. Sie beflügelt die Seele und plötzlich staunen wir wieder über das Geheimnis des Lebens.

...... Wenn ich an Tante Martha zurückdenke, dann steigt in mir das Bild der Wundermuschel empor. Tante Martha mochte damals über siebzig Jahre alt gewesen sein. Ende des 19. Jahrhunderts war sie in Zimpel bei Görlitz geboren worden. Sie lernte Putzmacherin. Was das war, haben wir nie richtig begriffen. Es muss eine geheimnisvolle Tätigkeit gewesen sein, bei der Hut- und Kleiderschmuck eine zentrale Rolle spielten. Ohne Hut ist Tante Martha jedenfalls nie auf die Straße gegangen. Wenn in Zimpel zum Tanz aufgespielt wurde, war Martha dabei. Mit Hut, einem »Blumenbukettel« am Kleid und zehn Pfennig in der Tasche saß sie im Garten eines Ausflugslokals. Viele Männer verliebten sich in sie. Ein jüdischer Rechtsanwalt war darunter und Onkel Heinz.

...... Bei uns im Erbdrostenweg hieß Tante Martha »Tatta«. Wenn Tatta uns Kindern das Foto von Onkel Heinz zeigte, konnten wir uns ein Lachen kaum verkneifen. Onkel Heinz hatte ein strenges Gesicht und keine Haare auf dem Kopf.

»Der Putz«, das waren für uns die Haare. Und die wurden
Ende der sechziger Jahre immer länger. Onkel Heinz aber hatte
keinen Putz auf dem Kopf, obwohl er mit einer Putzmacherin
verheiratet war. Er war viele Jahre älter als Tante Martha gewesen und schon lange vor unserer Geburt gestorben. Tatta
schwärmte aber noch immer von ihm. Stolz sagte sie: »Ja, der
Onkel Heinz war ein Zwölfender.« Das Wort »Zwölfender«
kannten wir aus der Jägersprache. Zum Spaß stellten wir uns
Onkel Heinz mit einem mächtigen zwölfendigen Geweih auf
dem Kopf vor. Tante Martha klärte uns auf. Onkel Heinz war
ein »Zwölfender«, weil er dem Kaiser zwölf Jahre als Soldat
gedient hatte. Jetzt freute sich seine Witwe einer kleinen Pension, des Kaffees, Doppelwacholders und fetten Essens. Die
Tatta konnte nicht nur geheimnisvolle Muscheln basteln, sie war
selbst wie eine Wundermuschel.

...... Ihre Nähe wirkte beruhigend. Wenn mich abends im Bett
die Angst vor der Dunkelheit packte, saß sie im Nachbarzimmer
und wachte. Dort stand eine Phonobank, Marke »Europa«, mit
Plattenspieler und Radio. Die Erfindung von Videotechnik, Ka-
belanschluss, CD, DVD oder Internet lag noch in weiter Ferne.
Tatta hörte Smetanas »Moldau« in ständiger Wiederholung, bis
sie friedlich eingeschlafen war.

...... Von Tatta erzähle ich, weil wir durch sie zum ersten Mal
in unserem jungen Leben etwas von der Vergänglichkeit, von
Trauer und Schmerz erfuhren. Tatta hatte im Krieg alles verloren. In Schlesien hatte sie ein eigenes Haus besessen, jetzt

bewohnte sie ein kleines Zimmer. Bei ihrer Flucht in den Westen hatte sie nichts von ihrem Besitz retten können und doch war sie eine reiche Frau. Jetzt lebte sie aus den ersten 15 Jahren ihrer Kindheit und Jugendzeit vor dem Ersten Weltkrieg. Trauer und Schmerz über das Verlorene waren nur eine Seite ihrer Seele. Sie zeigte uns Kindern auch jenen unvergänglichen Schatz, der in uns allen verborgen liegt: den inneren Reichtum der Seele.

...... So steigen in mir weitere Bilder auf: ein warmes Sommergewitter. Ich sitze mit Tatta in der Gartenlaube, wir können nicht ins Haus zurück, weil sie nicht mehr gut zu Fuß ist. Niemand hatte so viel Geduld wie Tatta. Wir warten auf das Ende des Regens. Zuerst vertreiben wir uns die Zeit. Tatta trägt wie immer ihre alte Schürze, und weil es Hochsommer ist, sind ihr faltiger Hals und das welke Fleisch ihrer Arme unbedeckt. Neben dem Saftglas, aus dem die Wespen trinken, liegt ihre Zeitung. Aus Bonbonpapieren und Streichhölzern fertigt sie bunte Fähnchen für die Spielzeugautos. Der Regen will nicht enden. Dann blicken wir stumm in den Garten und lauschen dem Regen. Es bedarf keiner Worte. Da steht das Unaussprechliche im Garten. Die angehaltene Zeit. Stille. Staunen. Adern voll Dasein. Unendliches Glück! Tatta nimmt ihre Brille ab und lächelt. Was sie gesehen hat, bleibt ihr Geheimnis.

...... In jedem Menschen ist eine geheimnisvolle Welt des inneren Reichtums verborgen. Sie besitzt magische Kräfte. Zu ihr gehört die Melodie der frühen Jahre. Die Muschel sagt:

Erinnere dich:
Du warst noch ein Kind,
warm und weich gebettet in den Schoß der Familie.
Worte der Liebe umhüllen dich wie Muschelschalen.
Gesang, Geschichten, Bilder –
du hattest sie vergessen
und doch wirken sie
in den tiefsten Schichten deiner Seele weiter
und bilden die wunderbaren Perlen deines Lebens.

Seit Jahren hängt ein Bild in deinem Zimmer.
Du kannst nicht in Worte fassen,
warum du es erworben hast.
Es spricht noch nicht zu dir.
Dann kommt der Moment,
wo du verstehst.

Erinnere dich
und entdecke den inneren Reichtum,
der sich hinter deiner Muschelschale verbirgt.

Die Nordische Purpurschnecke
Vom Symbol

»O Hafis! kennt wohl der Pöbel
Großer Perlen Zahlwerk?
Gieb die köstlichen Juwelen
Nur den Eingeweihten.«

HAFIS VON SCHIRAZ

..... Am Strand habe ich eine Muschel aufgelesen und in die
Hosentasche gesteckt. Als die Muschel noch am Strand lag,
war sie eine ganz gewöhnliche unter den vielen Tausend und
Abertausend Muscheln. Menschen sind achtlos über diese
Muscheln gelaufen und haben dabei einige von ihnen zertreten. Wie oft übersehen wir, was am Wegesrand liegt und auf
eine Begegnung mit uns gewartet hat! Die Welt will von uns
entdeckt werden. Wenn wir innehalten, verweilen und uns
bücken, dann enthüllt sie ihr Geheimnis. Als ich die Knie
beugte und die eine Muschel unter den vielen aufhob, hat
meine Zuwendung ihr Wesen verwandelt. Jetzt ist sie mehr
als eine Muschel. In ihr rauschen die Erinnerungen an warme
Sommertage, Gespräche am Strand und zärtliche Stunden in
der Nacht. Die Muschel wurde zum Symbol. Was aber ist ein
Symbol? Ich blicke auf meine Muschel. Dann halte ich sie an
mein Ohr. Sie sagt:

Ich bin dein Wegbegleiter,
ich führe dich in die Tiefe deiner Seele,
ich leite dich zur Tür,
hinter der das Geheimnis verborgen ist.
Tritt ein in die innerste Kammer,
höre und schweige.

Meine Muschel ist eine Nordische Purpurschnecke. Purpur-
schnecken werden einen bis vier Zentimeter groß. Ihr Gehäuse
ist kräftig, die Farben und Muster können höchst unter-
schiedlich sein. Um meine Muschel zieht sich ein hellbraun
geripptes Band. Für die Wissenschaft ist meine Muschel kein
Symbol. Deshalb spricht sie auch eine andere Sprache, wenn
sie von meiner Muschel redet. Das merkt man bereits an der
Namensgebung Nucella lapillus und vor allen Dingen an der
Beschreibung: »Das kräftige Gehäuse dieser Art kann glatt oder
regelmäßig kragenartig gerippt sein und ernährt sich von Ran-
kenfüßern und anderen Mollusken.«
Das Geheimnis von Muschel und Mensch kann keine Wissenschaft ergründen. In ihm schwingt etwas mit: ein Lächeln, eine
Zuwendung, eine versteckte Liebeserklärung, ein Augenblick
aus Ewigkeit, das Lachen Gottes und die Musik des Himmels.
Symbole sind keine Zeichen. Zeichen schenken uns Orientierung im Alltag: Verkehrszeichen oder mathematische Zeichen
sind immer eindeutig. Wären sie es nicht, so käme Chaos auf.
Auf dem Flughafen in Moskau, Peking oder Teheran schenken

Piktogramme auch dem Besucher Orientierung, der die
Schriftzeichen nicht lesen kann. Das Symbol aber ist immer
vieldeutig. Das Kreuz bezeichnet Leben und zugleich Tod, das
Feuer wärmt und vernichtet, die Rose steht für Schönheit und
Schmerz. Das Symbol ist die Sprache der Spiritualität. Es ver-
weist aus der sinnlichen in eine geistliche Welt, vom Sichtbaren
zum Unsichtbaren, aus der Immanenz in die Transzendenz.
Symbole sind die Sprache des Unsagbaren. Sie können nicht
erklärt, sondern wollen still betrachtet und meditiert werden.
Symbole wollen erlebt, getanzt, gemalt und gestaltet werden.
Symbole sind sinnlich. Sie schenken Erfahrungen.

...... Das Wort »Symbol« kommt aus der griechischen Sprache.
»Symballein« bedeutet »zusammenfügen«. Symbole sind also
wie zwei Puzzleteile. Das »Symbolon« ist das »Zusammenge-
fügte«. Ein Symbol war ursprünglich ein Erkennungszeichen,
mit dem sich der Besitzer eindeutig ausweisen konnte. Seine
Herstellung war einfach. Man nahm beispielsweise eine Tontafel, zerbrach sie in zwei Hälften und gab eine davon dem Freund,
die andere behielt man im eigenen Besitz. Wollte nun etwa der
Freund eine Mitteilung schicken, so gab er dem Boten als Erkennungszeichen die zweite Hälfte der Tontafel mit. Auch die
beiden Schalen einer Muschel wurden gerne als Erkennungszeichen gewählt. In dem Grimmschen Märchen »Der Bärenhäuter« wird ein Ring zum Symbol. Der Bärenhäuter hat einen
Pakt mit dem Teufel geschlossen. Sieben Jahre darf er sich nicht
waschen und nicht die Haare schneiden. Seine wahre Gestalt ist

17

nicht mehr zu erkennen. Er sieht aus wie ein Untier. Dennoch findet er eine Frau, die ihn trotz seiner schrecklichen äußeren Erscheinung liebt. Beim Abschied nimmt er einen Ring, bricht ihn entzwei und schreibt seinen Namen in ihre Hälfte und ihren in die seine. Dann macht er sich wieder auf den Weg. Drei Jahre später kommt er gewaschen, rasiert und mit ordentlichem Haarschnitt zurück. Die Braut erkennt ihren Bräutigam erst wieder, als dieser ihr seine Hälfte des Ringes zeigt.

...... Die Tonscherbe, die Muschel- oder Ringhälfte vertreten den abwesenden Freund oder Geliebten. In Träumen, Märchen, Mythen und Religionen verweisen Symbole auf etwas Unsichtbares, auf eine Wirklichkeit hinter der Oberfläche. Symbole folgen keinem Entweder-oder, sondern einem Sowohl-als-auch. Sie verknüpfen verschiedene Bereiche der Wirklichkeit. Sie sind zugleich die Sprache der Seele und die Sprache Gottes.

...... Das Symbol bedarf keiner Erklärung. Wer sich dem Symbol gegenüber öffnet, der wird die heilende Kraft spüren, auf die es verweist. In einer erlösten Welt wird es keine Symbole mehr geben. Und auch unsere Seele wird zu ihrem Schutz kein Schneckenhaus mehr brauchen. Dann wird die nackte Wahrheit unseres Lebens sichtbar werden. Wir werden erkennen, wie wir jetzt schon erkannt sind.

Meeresrauschen
Endlich wieder durchatmen!

In jedem Winkel
war ein Wunder untergebracht.

ROSE AUSLÄNDER

····· Endlich wieder Sommer! Frutti di mare, Sonne, Sand und
Meeresrauschen: Es ist einfach herrlich, unter offenem Himmel
am Strand in einem kleinen Restaurant zu sitzen. Die Kleidung
ist leicht, Arme, Beine und Gesicht haben schon Farbe bekommen. Der Alltag liegt weit zurück und ich atme wieder durch.
»Ach, könnte es doch immer so sein!«, denke ich. Der Wirt
kommt und schreibt mit gelber Kreide die aktuellen Angebote
auf die Tafel des Restaurants: gegrillte Sardinen, Scampis auf
Feldsalat, Calamares im Safranreisbett, Muscheln in Basilikum-
soße, garniert mit Kirschtomaten und Knoblauchbrot, dazu ein
Glas gut gekühlter Chablis oder Muscadet. Anschließend im
bequemen Liegestuhl dösen. Den Duft des salzigen Meeres
und des Sonnenöls einatmen und den Blick auf das offene Meer
richten. In der Ferne zieht ein weißes Kreuzfahrtschiff vorbei.
Die Kinder tummeln sich in den Wellen oder bauen Sandburgen.
Dann eine Wanderung am Strand. Die letzten Ausläufer der
Brandung umspielen sanft die Füße.
····· Endlich wieder Sommer, endlich wieder Zeit zum Durch-
atmen. Mit der Armbanduhr habe ich alles abgelegt, was mir

den Blick auf den inneren Reichtum verstellte. Ich habe keine
Termine und Verpflichtungen mehr. Niemand treibt mich.
Niemand erwartet etwas von mir. Langsam lerne ich wieder
die Kunst des Müßigganges, langsam werde ich wieder offen
für die unscheinbaren kleinen Kostbarkeiten des Lebens.
Eine Muschel am Strand. Ich hebe sie auf, dann eine andere.
Ich betrachte sie und staune: Wie wunderbar und vielfältig
sind die Formen der Muschel. Keine gleicht der anderen! Und
während ich mich nach ihnen bücke, öffnet sich plötzlich der
Raum der Erinnerung und das Kind in mir erwacht. Erinnerungen an erste Ferien auf Wangerooge und Borkum steigen
auf, Bilder von der Kurischen Nehrung, wo unsere Mutter
die Sommer ihrer Kindheit verbracht hatte; und dann habe
ich wieder die Sammlungen des Vaters vor meinen inneren
Augen: Überall auf der Welt hatte er Muscheln und Sande
gesammelt.

······ Sand ist das Symbol der verrinnenden Zeit. »Auch ich bin
älter geworden«, durchfährt es mich. »Wie viel Zeit auf Erden
wird mir noch geschenkt werden?« Ich denke den Gedanken
und gebe ihn wieder frei. Wie das Wasser ins Meer, so fließt er
in den Ozean der Seele zurück. Schon steigen andere Bilder in
mir auf.

······ Beim Muschelsammeln stellen sich die wesentlichen Fragen
des Lebens. Wie die Muschel aus der Tiefe des Meeres, so
steigen sie aus der Seele empor. Ich will ihnen nachspüren, denn
sie führen zu meinem inneren Reichtum.

Muscheln sammeln,
am Strand vor sich hingehen:
Nichts suchen,
nichts mehr im Sinn haben,
ruhig werden,
endlich Durchatmen und Auftanken,
den Alltag vergessen,
sich von einer frischen Brise
neue Inspirationen schenken lassen,
den Möwen zuschauen und
die Flügel der Seele ausbreiten,
eine Muschel in die Tasche stecken und
sie mit nach Hause nehmen,
das Geschenk des Meeres in den Alltag holen.

...... Wer eine bestimmte Muschel sucht, wird wenig Glück haben. Muscheln kreuzen plötzlich unseren Weg. Das Meer des Lebens schenkt sie uns. Wir können sie übersehen, bewusst über sie hinwegschreiten, sie unachtsam verletzen oder uns bücken und sie aufheben. Muscheln tauchen unerwartet in unserem Leben auf. Muscheln am Strand sind wie gute Freunde. Wie die wahre Freundschaft, so ist auch die Muschel ein Geschenk. Muscheln und Menschen brauchen Zuwendung. So geht der Muschelsammler achtsam vor der Muschel in die Knie. Nicht er hat sie, sie hat ihn gefunden. Sie trat in sein Leben, doch er hob sie auf. Nur dem liebenden Blick geben Muschel und Mensch ihr Geheimnis preis.

····· Im Sommer ist das Leben leicht. Der Urlauber am Strand belastet sich nicht mit Unwesentlichem. Er lebt aus dem Koffer. Zu Hause wird der Koffer wieder bis zum nächsten Urlaub verstaut. Die aus den Ferien mitgebrachte Muschel aber schmückt den Raum an besonderer Stelle. Vielleicht am Rand der Badewanne, auf dem Grund eines Aquariums, neben dem Telefon, auf dem Bücherregal oder zwischen Blumen.

····· Wir haben sie von Urlauben an der Nordsee, vom Strand der Algarve oder Mallorcas in unsere Wohnung oder unser Haus gebracht. Sie erinnern an Sommertage ohne Stress, glückliche Ferien mit den Kindern, erholsame Strandgänge, zärtliche Umarmungen in den Dünen. Vielleicht an eine Pilgerreise im Zeichen der Muschel nach Santiago de Compostela oder einen anderen heiligen Ort.

····· Wie jeder Muschelsammler, so nehme auch ich meine Muschel mit nach Hause und lege sie zu einer kleinen Sammlung, die im Laufe der Jahre stetig gewachsen ist. Gelegentlich hebe ich meine Muschel auf, wiege sie in meiner rechten Hand und betrachte ihr Muster. Sie ist etwa sechs Zentimeter breit und drei Zentimeter hoch, beinahe kreisrund und füllt den gesamten Handteller aus. Ihre Farbe ist weiß mit einer leicht rotbraunen Tönung, die an der Unterseite zunimmt. Meine Muschel zeigt das Muster einer Spirale. Keine Computeranimation hätte sie genauer und gleichmäßiger zeichnen können. Aus der Mitte entfaltet sich die Linienführung der Spirale in drei kreisförmigen Umgängen.

Der Weg der Spirale umkreist ein Zentrum. In immer weiter geschwungenem Bogen öffnet sich die Mitte. In der Bewegung der Spirale verströmt sie sich. Sie tritt aus sich selbst hervor und öffnet sich der Welt.

Auf dem Rücken der Umgänge wiederum befinden sich Linien, die in sanfter Wendung zur Mitte zurückweisen. Ich folge ihnen mit den Augen. Die Bewegung geht jetzt von außen nach innen. Durch diese Linien strömt die Welt zur Mitte zurück. Keine Frage, das Muster der Muschel enthält eine Botschaft. Zwei gegenläufige Bewegungen sind hier zu einer Einheit verschmolzen. Die Spirale öffnet sich nach außen und zugleich zieht sie die Außenwelt in ihre eigene Mitte. Beim Anblick dieser geheimnisvollen Bewegung frage ich mich: Wie kann ich mich öffnen, mich verströmen und aus mir herausgehen, ohne mich dabei zu verlieren? Wie finde ich die Balance zwischen innen und außen? Und während ich die Linien still betrachte, spüre ich, wie mein Atem ruhig wird. Dann glaube ich die Botschaft der Muschel zu hören:

Spüre die gleichmäßigen Wellen deines Atems.
Sie durchdringen dich und verlassen dich wieder
wie das Meer den Strand.
Du kannst sie nicht halten.
Dein Leben ist Ebbe und Flut.
Lass dich durchströmen.
Atme ein, dann atme aus.
Geh in dich und wieder aus dir heraus.
Öffne dich der Welt und kehre wieder zu dir zurück.
Finde dein Gleichgewicht im Rhythmus der Bewegung.
Verströme dich und sammle dich.
Hab keine Angst.
Du wirst nicht verloren gehen.
Du lebst aus der Mitte.
Sie entfaltet sich in dir.
Sie atmet in dir,
fließt durch dich hindurch in die Welt
und kehrt zurück
zu dir.

Die Spirale
Sich sammeln

> Wer dahingeht, ohne zu vergehen, lebt ewig.
>
> LAOTSE

..... Die Wellen brechen sich am Strand in ewigem Kommen und Gehen. Alles fließt, alles ist in Bewegung. Über uns kreisen Flugzeuge, unter uns fahren U-Bahnen. Funk- und Fernsehwellen durchdringen uns. Wir sind vernetzt und verkabelt. Ohne Anrufbeantworter und E-Mail fühlen wir uns einsam. Das Handy begleitet uns an den Strand und auf die Sonnenbank. Im Fitnesscenter können wir auf dem Laufband die neuesten Börsenkurse studieren.

..... Das Muster meiner Muschel zeigt eine Spirale. Ihre kreisende Bewegung finde ich wieder in den unendlichen Weiten des Weltalls. Das Meer der Sterne ist geordnet in Spiralnebeln. Ich erkenne die Spirale auch wieder in meinem Leben: Die Spirale meines Lebens weitet sich immer mehr. Die Verantwortung nimmt zu. Neue Anforderungen, mehr Verpflichtungen, mehr Termine. Ich verströme mich. Die Momente der Sammlung werden seltener. Manchmal habe ich Angst, mich zu verlieren. Spüre ich noch meinen Mittelpunkt? Wo ist das Zentrum meines Lebens? Wohin bewege ich mich? Meine Muschel aber ist ein Bild der Sammlung. Die Spirale öffnet sich und führt zur Mitte zurück. Ich möchte sein wie diese Muschel. Ich will mich der

Welt öffnen, ohne mich an sie zu verlieren. Kann man aus sich herausgehen und zugleich bei sich bleiben? Die Muschel sagt:

Gesammelt bleiben.
Die Konzentration auf das Wesentliche wahren.
Aus der Mitte leben.
Den Punkt spüren,
der in dir alles zusammenhält.

Gehe von außen nach innen.
Besinne dich auf das deine Mitte.
Kehre um.
Suche den Anfang neuer Entwicklung.
Geh aus dir heraus
aus deiner Mitte in die Welt.

...... Muscheln am Strand. Woher kommt ihre magische Anziehungskraft? Wir sammeln Muschel, weil ihre Muster uns erfreuen. Die Seele findet in der stillen Betrachtung Ruhe. Keine zwei Gehäuse oder Schalen sind völlig gleich. Im Spiegel der Muschel erkenne ich mich selbst: Auch ich bin einmalig. Die Falten in meinem Gesicht, die Linien auf der Innenfläche meiner Hände. Haben diese Muster einen Sinn? Sind sie ein Spiel der Natur? Enthalten sie eine Botschaft? Einige sind uns angeboren, andere hat das Leben in unser Gesicht, auf Arme, Bauch oder Rücken gezeichnet. Auch die

Schalenmuster der Muschel sind im Laufe ihres Lebens gewachsen. Einige Linien laufen parallel, andere senkrecht oder schräg zur Wachstumsrichtung.

······ Ich erkundige mich bei einem Freund über den Wachstumsprozess der Muschel. Er hat in Cambridge Biologie studiert und kennt sich in den beiden Welten der Natur und des Geistes hervorragend aus. Mich erinnern einige Muster der Muschel an die Jahresringe der Bäume. Vielleicht sind sie ein Zeichen des Alters? Der Freund sagt: Die Jahresringe der Bäume entstehen durch äußere Einflüsse. Die Muster der Muschel folgen einem geheimnisvollen inneren Gesetz.

Muscheln sind Bilder eines gesammelten Lebens.
Ihre Muster sagen:
Jede Falte, jede Narbe ist kostbar.
Sie bezeugen:
Du lebst und wächst aus der Mitte.
Welch Unsinn,
das Muster deines Lebens zu überschminken.

······ Die Sammelleidenschaft ist uns angeboren. Wir kommen als »Sammler und Jäger« auf die Welt, so als wiederholten wir in unserem Lebenslauf das große Muster der Menschheitsentwicklung. Als Kinder haben Rüdiger, Siggi und ich bunte Glasscherben, Kronkorken, seltsam geformte Wurzeln, Steine und Blütenblätter gesammelt. Jede unserer Sammlungen barg ein

Geheimnis. Für die Erwachsenen dagegen waren sie ohne Wert. Später sammelten wir Abziehbilder, die Kaugummis, Nusscremes oder Waffeln beigelegt waren.

..... Niemand musste mich und meine drei Geschwister dazu auffordern, am Strand Muscheln zu sammeln. Die Freude an Farben und Formen ist uns angeboren. So verbrachten wir die Tage auf Borkum mit Müßiggang, ordneten unsere kleine Sammlung, gestalteten Bilder aus Muscheln oder verzierten unsere Sandburg mit Muschelschmuck. Die schönsten Muscheln trugen wir am Abend in die Pension Stomberg. Im Waschbecken wurden sie vom Sand befreit, dann trockneten sie auf dem Fensterbrett in der Abendsonne. Am Ende der Ferien wurden die schönsten aller Muscheln ausgesucht, in den Koffer gepackt und mit nach Hause genommen. Die Namen unserer Muscheln kannten wir nicht, aber wir spürten doch unbewusst die Kraft der inneren Sammlung, die von ihnen ausging. Heute ist mir das Sammeln von Muscheln eine spirituelle Übung. Beim äußeren Sammeln der Muscheln erfahre ich eine innere Sammlung.

..... Ohne äußere Ordnung gibt es keine innere Sammlung. Sammle, sichte und ordne! So lautet die Aufgabe, die das Leben auf jeder Stufe neu an uns stellt. Wir ordnen unsere Sammlungen neu: Bücher, Spielzeuge aus Kindheitstagen, Münzen, Briefmarken – und spüren, wie uns aus dieser beschaulichen Tätigkeit eine innere Kraft zuwächst. Nicht nur unsere Sammlung, auch unsere Seele erfährt eine Ordnung.

..... In der Muße finden wir innere Ruhe und Ausgegli-
chenheit. Der Muschelsammler ist ein Müßiggänger. Muße
finden die meisten Menschen nur noch selten. Selbst die
Freizeit ist vollständig verplant. Während des Kinobesuches
wird telefoniert. Wir zappen durch die Programme. Wir haben Angst, etwas zu verpassen, daher kommt unsere Unruhe.
Die Muschel aber verweist auf die innere Ordnung. Wer
innere Ordnung gefunden hat, kann sich von allem äußeren
Besitz trennen.

..... Der chilenische Dichter und Nobelpreisträger Pablo Neruda sammelte während seiner zahlreichen Auslandsaufenthal-
te als Diplomat in Burma, Indien, Argentinien, Spanien und
Mexiko insgesamt 15 000 Muscheln und trug sie in seinem
Haus am Pazifikstrand südlich von Valparaíso zusammen. Als
die Sammlung zu umfangreich wurde, verschenkte er sie an
die Universität von Santiago de Chile. Das Sammeln von Muscheln war für Pablo Neruda der Weg zu innerer Sammlung.

Der Sammler sammelt sich,
findet inmitten der Stürme des Lebens
die Ordnung, die trägt.

Keine Muschel gleicht der anderen:
wie ich und du!

Ich darf staunen über
den Reichtum der Formen.
Du darfst bauen auf die Ordnung,
die dich trägt.
Wir dürfen loslassen,
was uns Sammlung,
Halt und Schutz schenkte.

Harte Schale, weicher Kern
Die nackte Wahrheit

> Tiere, die Perlen bilden, sind verschlossen,
> sie liegen still und kennen nur die See.
>
> GOTTFRIED BENN

..... Muscheln sind Weichtiere. Deshalb schützen sie sich durch einen Panzer aus Kalk. Hinter ihrer harten Schale steckt ein weicher Kern. Warum berührt uns der Anblick der Muscheln am Strand? Spüren wir, dass auch wir des Schutzes bedürfen? Wie oft fühlen wir uns unbehaust und schutzlos fremden Blicken preisgegeben. In solchen Momenten sehnen wir uns nach einem Schalenpanzer. Als wir Kinder waren, genügte die Umarmung der Mutter oder des Vaters, um uns Geborgenheit zu schenken. Wer nimmt uns nun in den Arm?

..... Menschen und Muscheln sind Weichtiere. Die Muschel wird durch die Schalen oder das Schneckengehäuse geschützt. Sie sind aus Kalk gebildet wie das Skelett, das unseren Leib trägt. Der weiche Kern der Muschel liegt hinter der harten Schale verborgen, unsere leicht verletzbare Haut dagegen ist schutzlos der Welt preisgegeben.

..... Meine Muschel hat an der Unterseite eine große Öffnung. Ich betrachte das einladend geöffnete Tor zu einem verborgenen inneren Reich. Ich drehe die Muschel, versuche ihre Tiefen zu ergründen. Der geheimnisvolle Weg führt nach innen. Dort liegt die Mitte des Lebens. Doch schon nach der ersten Windung ist mir der weitere Blick verwehrt. So leicht gibt die Muschel ihr Geheimnis nicht preis. Auch in jedem Menschen gibt es diesen innersten Bezirk. Er ist weich und empfindsam. Ein unachtsames Wort, ein böser Blick können ihn verletzen.

...... Es war wohl kein Zufall, dass mich das Muschelhaus zu faszinieren begann, als ich selbst zunehmend unbehauster wurde, wie viele Kinder, die erwachsen werden. Jeder wird eigene Erfahrungen von Heimatlosigkeit benennen können. Bei mir begann alles mit der Einschulung. Die Schule war ein Ort des Schreckens von Anfang an. Ich fühlte mich den Launen der Lehrer schutzlos ausgeliefert. Das steigerte sich noch in den Jahren der Pubertät. Ich besuchte die siebte Klasse. Wie üblich lasen wir Texte, ohne ihren Inhalt zu verstehen. Unsere Aufgabe bestand darin, den Satzbau zu untersuchen, Hauptsatz, Nebensatz erster, zweiter, dritter, vierter Ordnung. Die Beispielsätze, die der Lehrer ausgesucht hatte, waren weit verschachtelt und ihr Muster für uns nur schwer erkennbar. Eine Stunde glich der anderen.

Wohin sollen wir fliehen?
Wo können wir uns bergen
vor den Stürmen des Lebens,
der Lieblosigkeit,
der Unachtsamkeit?
Wo ist ein Zufluchtsort,
eine Höhle,
eine Muschel,
die uns umhüllt wie einst der Mutter Schoß?

...... Dem täglichen Einerlei des Unterrichts entfloh ich durch Träume. Nur einmal erwachte ich, als von einer wundersam geformten Muschel die Rede war. Ihr Gehäuse wurde mit dem Knochenbau des Menschen verglichen. Jeder Mensch trage in seinem Inneren ein festes Gestell, ein Skelett, das dem Fleisch und den Muskeln Halt gewähre, so las ich im Schulbuch. Bei den Muscheln und Schnecken sei es umgekehrt. Sie haben ihre Festigkeit nach außen geschlagen, nicht als ein Gerüst, sondern als Haus. Während meine Klassenkameraden den Satzbau untersuchten, befühlte ich meinen Körper, die Ellbogen und Rippen, das Knie und den Schädelknochen. An der Tafel zeichnete der Lehrer mit farbiger Kreide die Haupt- und Nebensätze, das Gerüst des Textes. Ich aber dachte nur noch an das Muschelhaus. Muscheln schützen ihren weichen Kern durch einen Panzer. Das schien mir eine geniale Idee! Wer hatte sie sich ausgedacht? Über den Autor, dessen Texte wir zergliederten, erfuhren wir nichts. Erst zehn

Jahre später, als ich den Roman »Doktor Faustus« von Thomas Mann las, wurde mir bewusst, dass wir damals Auszüge aus diesem Buch gelesen hatten. Sie handelten von den Experimenten des Apothekers Jonathan Leverkühn.

...... Jeder Mensch braucht ein Muschelhaus, das der Seele Schutz und Halt gibt. Höhlen der Geborgenheit, Orte der Kraft, Stätten der Neugeburt: das eigene Zimmer, die Musik, das Buch, die Bank im Park. In diesen Muschelhäusern sind wir ganz bei uns selbst. Wir richten uns ein. Den unbefugten Blick wehren wir ab. Den innersten Bezirk teilen wir nur mit sehr wenigen Menschen. Sie kennen die nackte Wahrheit unseres Lebens wie auch unseren inneren Reichtum. Vor ihnen brauchen wir uns nicht zu verbergen.

Harte Schale und weicher Kern.
Das Muschelhaus schenkt Geborgenheit.
Es hat zwei Seiten:
innen und außen,
das Sichtbare und das Unsichtbare.

Der Wesenskern ist verborgen.
Das Eigentliche ist für die Augen unsichtbar.
Wer es erkunden will, muss den Eintritt wagen.

Ich will den Weg nach innen gehen,
zu dir, zu mir,
zur Mitte.

Unter Seepocken und Algen
Vom inneren Reichtum

Nirgends, Geliebte, wird Welt sein als innen.

RAINER MARIA RILKE

..... Es gibt Muscheln, deren Schalen sind äußerlich hässlich. Ihre Farbgebung ist langweilig, auf ihrem Rücken kleben schmutzige Seepocken oder braune Algen. Die Strandgänger laufen achtlos an ihnen vorüber. Auch im Leben fallen zuerst die Schönen, Reichen und Klugen auf. Von ihnen berichten die Magazine, ihr Bild lächelt von den Titelseiten, ihr Schicksal bestimmt das Tagesgespräch. Warum lassen wir uns vom äußeren Reichtum blenden? Wir wissen doch, wie vergänglich er ist. Der äußere Reichtum fällt sofort in den Blick. Er verspricht raschen Erfolg. Wir werden gesehen und bewundert. Der innere Reichtum zeigt sich erst dem zweiten Blick. Wer ihn entdecken will, darf sich nicht von den Schalen der Muschel beeinflussen lassen, denn erst in der Zuwendung wird sie ihr Geheimnis preisgeben. Wir müssen uns zu ihr hinunterbücken wie zu einem kleinen Kind, sie aufheben, von Algen und Schlick reinigen und umdrehen, dann erst erkennen wir ihre wahre innere Schönheit.
..... In jedem Neugeborenen schlummert ein innerer Reichtum. Das Kind wächst und entwickelt sich, seine Talente werden sichtbar. Vielleicht lernt es das Flötenspiel oder entdeckt seine Fähigkeit mit Computern umzugehen, vielleicht wird es eine gute Sportlerin oder ein Künstler, vielleicht wird es eine Gelehrte

oder ein geschickter Handwerker. Wir wissen nicht, welch innerer Reichtum in uns und unseren Kindern verborgen liegt. Wir dürfen uns von ihm überraschen lassen. Deshalb wohnt ja auch allem Anfang ein besonderer Zauber inne. Die Muschel sagt:

Jeder Mensch hat verborgene Talente:
Einer kann gut zuhören,
die andere besitzt die Gabe des Erzählens,
einer kann Gebäude entwerfen,
die andere Häuser bauen,
einer kann Kinder erziehen,
die andere Kranke heilen,
einer kann singen,
die andere tanzen.
Entdecke den inneren Reichtum
und lass dich verzaubern von ihm.

...... Der Blick geht also nach innen. Was aber ist die Innenwelt? Sie ist das Reich der Seele, der Träume, der Phantasie, der Märchen und Mythen. Im Muschelhaus der Seele liegt eine Schatzhöhle. Der innere Reichtum heißt: Freundlichkeit, Zuversicht, Bescheidenheit, Geduld, Hoffnung, Gewissheit, Heiterkeit, Mut, Vertrauen, Liebe. Mit ihnen lässt sich ein Weg durch das Labyrinth des Lebens finden. Die Helden der Märchen erzählen von diesem inneren Weg und den Schätzen, die in unserem Herzen verborgen sind. Der Däumling gewinnt, das Aschenputtel wird Königin, der hässliche Bärenhäuter zeigt seine wahre Gestalt und strahlt aus der Tiefe des inneren Reichtums. Wie aber können wir den inneren Reichtum entdecken? Die Muschel sagt:

Stille werden
Warten können
Beobachten
Gefühle zulassen
Lachen und weinen
Arbeiten, gestalten, üben
Sich auf den Weg begeben
Die Geduld nicht verlieren
Erfahrungen zulassen
Sich in Gelassenheit üben
Verborgene Talente entdecken
Begabungen fördern
Sich beflügeln lassen
Sich überraschen lassen
Staunen

...... Schätze liegen im Dunkeln verborgen. Sie wollen ans Licht geholt werden. Vom Sonnenstrahl getroffen, funkelt der Diamant in tausend Farben. Ebenso ist es mit den Schätzen der Seele. Wenn wir uns auf den Weg begeben, dann werden wir unseren inneren Reichtum entdecken. Doch brauchen wir auch Menschen, die uns auf dem Weg zu uns selbst begleiten,

Menschen, die mit dem Blick der Liebe durch unsere Muschelschale hindurchblicken können. Den inneren Reichtum entdecken, fördern und ihm in der äußeren Welt zum Ausdruck
verhelfen ist die wichtigste Aufgabe der Erziehung. Ein guter
Pädagoge hat einen Blick für den inneren Reichtum seines
Kindes. Er lässt sich nicht von der äußeren Erscheinung blenden; mit den Augen des Herzens sieht er das Wesentliche. Er
hat auch die Geduld zu warten und weiß das rechte Wort zur
rechten Zeit zu sprechen.

...... Doch nicht nur in der Schule brauchen wir Freiräume, in
denen sich unser innerer Reichtum entfalten kann. In jeder Lebensphase gibt es neue Schätze zu entdecken. Manche Talente
liegen ganz tief unten im Schatzhaus unserer Seele verborgen.
Wir entdecken sie erst in den reifen Lebensjahren. Dann wechseln wir vielleicht den Beruf oder erwerben neue Kenntnisse,
entdecken neue Hobbys, deren Ausübung uns erfüllt, wir voll-
ziehen eine längst fällig gewordene Trennung oder finden endlich den Schlüssel zum inneren Reichtum des Menschen, mit
dem wir bisher achtlos unsere Lebenszeit verbracht haben. Innerer Reichtum will sich in jeder Lebensphase von Neuem zeigen.
Und noch im letzten Atemzug unseres irdischen Lebens will aus
der Tiefe unserer Seele neues Licht hervorbrechen.

...... Der innere Reichtum der Seele kann auch über Jahre und
Jahrzehnte verborgen bleiben. Wir erkennen nicht die uns anver-
trauten Talente, und niemand war da, der uns auf dem Weg zu
uns selbst begleitete hätte. Wir sind dann wie eine Muschel, die

ihr Geheimnis nie preisgeben durfte. Der innere Reichtum aber will sichtbar werden. Darum sind wir auf der Welt. Wenn die Seele ihren inneren Reichtum nicht entfalten kann, verkümmert sie und wird krank.

...... Wie oft geben wir uns selbst und den anderen Menschen auf. Wir sind müde, erschöpft und traurig. Wir haben das Gefühl, am Ende zu sein. Die Edelsteine unserer Seele funkeln nicht mehr. In uns wird es dunkel. Dann brauchen wir einen, der das Zauberwort spricht, das den Zugang zum Schatzhaus der Seele öffnet. Die Muschel aber sagt:

Bleibe nicht in deiner Schattenwelt:
Steh auf, wandle und
lass dich von der Liebe verwandeln.
Geh ihr entgegen
und sprich:
Verliere nicht die Geduld,
gib mich nicht auf,
warte, bis ich so weit bin,
mich dir zu öffnen.
Dann komm,
spricht das Zauberwort
und tritt ein in mein Schatzhaus.
Schau den inneren Reichtum
und hebe ihn ans Licht.

Kinderaugen
Vom Staunen

> Doch die Perlen hier im Kästchen
> Sind entquollen einer schönen
> Menschenseele, die noch tiefer,
> Abgrundtiefer als das Weltmeer.
>
> HEINRICH HEINE

..... Staunen heißt, sich anrühren lassen und die Welt als Wunder begreifen. Staunend kommen wir auf die Welt. Nie werde ich die wachen Augen meines ersten Sohnes vergessen, mit denen er die Welt in sich aufnahm. Johannes lag in einer kleinen tragbaren Wippe und verfolgte alles, was sich um ihn herum bewegte. Manchmal blickte er auf einen bestimmten Punkt und lächelte. Was er gesehen hat, blieb sein Geheimnis. Doch seit jener Zeit weiß ich: Wir sind zum Sehen geboren und zum Staunen bestellt. Was aber ist Staunen?

..... Meine kleine Nichte ist zu Besuch. Sie läuft über die Kieswege im Garten, bleibt am Teich stehen und steigt die Stufen zu meinem Engelhaus empor – so nennen die Kinder das kleine, rote Holzhaus mit den blauweißen Fensterrahmen, in das ich mich zum Arbeiten zurückziehe. Neele verschwindet im Haus. Als sie nach zehn Minuten noch nicht wiedergekommen ist, schaue ich nach ihr. Ich sehe sie völlig versunken vor einem großen Bild sitzen. Da glaube ich zu wissen, was Staunen ist.

Staunen heißt:
offen sein für eine Begegnung,
sich überraschen lassen,
bereit sein für eine Berührung,
sich wundern und
andere bewundern,
sich von der Welt beseelen lassen,
mit allen Sinnen leben,
sinnlich sein,
zärtlich sein.

Staunen ist ein ruhiges Glück,
ein Zustand der inneren Ruhe,
ein Augenblick ohne Zeit,
ein Abstandnehmen vom Alltag,
eine Form der Meditation.

...... Ich besuche mit meinem Sohn Jaakob eine musikalische Revue. Schüler des Andreanums, die mir seit Jahren aus dem Unterricht vertraut sind, haben sie mit ihrem Musiklehrer eingeübt. Ich habe mit ihnen viele gemeinsame Erfahrungen gemacht und jeder hat im Laufe der Jahre von dem anderen ein bestimmtes Bild gewonnen. Manche dieser Bilder sind starr. An diesem Abend singen die Schüler Lieder aus den Siebzigerjahren. Die Besucher sind begeistert, und mich ergreift eine starke Erschütterung, ein Erstarren und Erstaunen über ihre bislang verborgenen Talente, die sich nun auf der Bühne zeigen. Ich habe das Gefühl, andere Menschen stehen vor mir. Staunen heißt, wieder die Schubladen öffnen, in die wir uns und andere Menschen so leicht ablegen. Staunen heißt, neue Seiten an sich selbst und anderen Menschen entdecken, Vorurteile abbauen und neue Wege beschreiten.

...... Am Tag darauf erklingt aus Jaakobs Zimmer Musik aus meiner Jugendzeit. Es ist ein Stück der Gruppe Black Sabbath. Die Schüler hatten es aufgeführt und es hatte seine Wirkung offensichtlich nicht verfehlt. Staunen heißt, sich anrühren lassen von dem, was in mir Gestalt werden will. Staunen geschieht immer absichtslos. Deshalb liegt in jedem Staunen eine Überraschung, eine unerwartete Entdeckung, eine große Verwunderung. Mögen wir niemals die Gabe der Verwunderung und Begeisterung verlieren, mit der unser Erdenleben begann. Mögen wir nie das Kind in uns vergessen. Wenn wir Muscheln sammeln und uns an ihrem vielfältigen Farben- und Formenreichtum erfreuen, dann erwacht in uns wieder das Kind und wir begreifen: Die Welt ist wunderbar im Ganzen.

...... Menschliche Leistungen, Musik, Kunst, die Natur – alles kann uns mit Staunen erfüllen: ein neuer Weltrekord bei der Olympiade, das Gastkonzert eines bedeutenden Opernsängers, ein technisches Großprojekt. Die Ameisenstraße zwischen den Kiefernnadeln, die zartweißen Buschwindröschen im kalten Frühlingswind. Wenn wir staunen, dann ist nichts mehr in der Welt selbstverständlich. Dann werden wir vom Wunder der Schöpfung ergriffen. Wie unendlich ist die Zahl der Muscheln am Strand und in den Tiefen der Meere, Flüsse und Teiche! Wie zauberhaft sind die Muster auf dem Gehäuse der Augenporzellanschnecke (Cypraea argus), wie zerbrechlich zart die gebogenen Spiralreifen des Venuskamms (Murex pecten). Wenn wir staunen, dann steigen Fragen in uns auf: Was ist der Sinn dieser Muster? Enthalten sie eine verschlüsselte Botschaft? Wollen sie dem Strandgänger etwas mitteilen? Warum diese Vielfalt der Arten? Ist jede gewollt? Steht hinter jeder ein Plan? Wenn wir staunen, dann verwandelt sich die Welt in ein Geheimnis.

Staunen:
Der Wind streichelt meine Haut,
ich höre, sehe, rieche und schmecke das Meer,
die Miesmuscheln an der Buhne trotzen dem Gezeitenwechsel,
auf den Wellen bilden sich Schaumkronen,
jeden Morgen taucht die Sonne aus dem Meer auf.

Staunen:
Ein Kribbeln unter der Haut,
eine Gänsehaut läuft den Rücken hinunter,
plötzlich auf den Grund der Dinge sehen können,
ein Licht geht auf.

...... Wir staunen über die ersten Worte des Kindes und seine Gehversuche. Warum staunen wir nicht über die ersten Schminkversuche, den ersten Liebesbrief im Chat-Room, die erste durchtanzte Nacht, den ersten Kater am Morgen und die Tapferkeit, mit der das Kind ihn durchsteht? Wir staunen über die erste Fahrt mit dem Dreirad. Warum staunen wir nicht, wenn es zum ersten Mal alleine in die Ferien fährt? Wir staunen, wenn das Kind zum ersten Mal mit dem Löffel isst. Warum staunen wir nicht, wenn es plötzlich beschließt, Vegetarierer zu werden oder nur noch grünen Tee zu trinken?

...... Wer nicht mehr staunt, hat Angst vor der Veränderung. Kinder staunen. Erwachsene haben sich im Leben eingerichtet, eine Familie gegründet, ein Haus gebaut, einen Baum gepflanzt ... Sie suchen Sicherheit und nicht die Überraschung. Sie wollen nicht mehr über den inneren Reichtum ihrer Kinder staunen, weil sie bequem geworden sind. Sie wollen nicht, dass ihr Partner sich weiterentwickelt, weil auch sie dann neue Seiten an ihm entdecken müssten. Sie wollen keine Veränderungen, weil auch sie sich verändern müssten. Und doch spürt jeder Mensch in seinem Inneren, dass er ohne Staunen nicht leben kann. Jeder braucht einen anderen, der zu ihm sagt: Ich staune, was du alles kannst. Ich staune über deine Talente.

...... Das Staunen unterbricht den Alltag. Staunen heißt, sich überraschen lassen, sich wundern und eine Tiefendimension des Lebens erfahren. Staunen heißt freigeben, loslassen und neue Talente entdecken. Nichts ist mehr so selbstverständlich, wie es schien: dass wir unsere Sinne gebrauchen können, dass wir Nahrung für Leib und Seele finden, dass uns ein lieber Mensch zur Seite steht, dass wir atmen können – alles kann uns plötzlich in Staunen versetzen. Ein Gefühl der Ehrfurcht vor dem Leben ergreift uns. Albert Schweitzer hat es beschrieben.

······ Schweitzer hatte Theologie, Musik und Medizin studiert. In Lambarene gründete er sein berühmtes Urwaldkrankenhaus. Trotz seiner großen Belastung durch die Arbeit als Arzt gab er seine wissenschaftlichen Forschungen niemals auf. Im Herbst des Jahres 1915 arbeitete er an einem Buch über Ethik. Er kam nicht voran und notierte nur unzusammenhängende Sätze aufs Papier. Dann wurde er zu einer kranken Missionarin gerufen, die 200 Kilometer flussaufwärts lebte. Schweitzer bestieg einen Schleppkahn und begann die Fahrt. Sie sollte mehrere Tage dauern. Unterwegs quälte er sich weiter mit seinen wissenschaftlichen Problemen. Doch der Moment der Inspiration wollte sich nicht einstellen. Am Abend des dritten Tages, so erzählt er später, fuhr das Boot bei Sonnenuntergang durch eine Herde Nilpferde hindurch. Plötzlich vernahm er in sich das Wort, das zum Schlüssel seiner Ethik wurde: Ehrfurcht vor dem Leben.

······ Momente des Staunens werden uns immer wieder geschenkt. Geschenke aber können wir nicht einfordern oder erzwingen. Wir bekommen sie umsonst und oft zu unerwarteter Zeit. Die großen Geschenke des Lebens haben selten einen materiellen Wert. Kein Geld der Welt kann das Staunen über den Sonnenuntergang am Meer, das Staunen über die Stunden der

Zärtlichkeit, das Staunen über die Freundschaft erkaufen. Der Moment des Staunens kann flüchtig sein. Nur für einen Moment gibt die Welle den Blick auf die Muschel frei. Im nächsten Augenblick versinkt sie wieder im Sand des Strandes. Was uns in Staunen versetzte, hat sich unserem Blick entzogen. Aber es war da.

······ Dem Staunen folgt ein Gefühl der Dankbarkeit für das, was vor unseren Augen Gestalt annahm. Ernst Jünger (1895–1997) hat einen solchen Moment der Dankbarkeit beschrieben. Sein Elternhaus befand sich in Rehburg am Steinhuder Meer. Hier wurde er zum Muschelsammler, hier sah er 1910, als Fünfzehnjähriger, den Halley'schen Kometen über das Firmament ziehen. Alle 76 Jahre kehrt der Komet wieder. 1986 fliegt der Greis nach Indonesien. Ein langes Leben liegt hinter ihm. In seiner Muschelsammlung befinden sich inzwischen Exemplare aus der ganzen Welt. Jetzt trägt ihn die Hoffnung, noch einmal den Kometen sehen zu dürfen. Das Unwahrscheinliche geschieht: Da steht der Halley'sche Komet wieder am Himmel. Doch zugleich wird dem alten Mann ein Blick auf den inneren Reichtum seines Lebens geschenkt.

······ »Nach Mitternacht weckte mich eine Dankeswelle für Eltern, Lehrer, Kameraden, Nachbarn, unbekannte Freunde, ohne deren Hilfe ich nie mein Alter erreicht hätte. Meine Knochen würden in der Sahara bleichen, in einem Granattrichter modern; ich würde in Lagern oder Zuchthäusern verschmachtet sein. Wer weiß, wer für mich eintrat, wo um Köpfe gehandelt wurde, wer für mich Akten fälschte oder verschwinden ließ. Man sagt:

›Freunde in der Not gehen hundert auf ein Lot.‹ Aber einer genügt; ich habe gute Erfahrungen. Ob bei leichten Havarien, ob in schweren Katastrophen – es war immer einer da. Das kann kein Zufall sein.«

Staunen heißt, offen sein für die Überraschungen,
die im Muschelhaus der Seele auf Entdeckung warten.
Staunend sind wir in das Leben getreten.
Staunend dürfen wir die Welt erkunden.
Staunend erfahren wir: Unser Leben macht Sinn.
Staunend begreifen wir: Wir sind gewollt.
Staunend erkennen wir das Grundmuster unseres Lebens.
Staunend erfüllt uns Dankbarkeit.

⋯⋯ Vertrautheit kann das Ende der Beziehung sein. Wir dachten, wir kennen uns selbst. Wir glaubten, den Menschen an unserer Seite zu kennen. Wir dachten, es gäbe nichts mehr zu sagen. Ohne Staunen sterben wir den Beziehungstod. Staunen heißt auch, an sich selbst und am anderen Menschen immer wieder das Fremde wahrzunehmen und auch das Befremdliche, das uns herausfordert, nachdenklich stimmt, vielleicht unseren Widerspruch weckt. Wer staunt, der wundert sich. Staunen können wir nur, solange wir im Geheimnis bleiben. Ein gläserner Mensch nötigt nicht unser Staunen ab. Ein begriffener Gott ist kein Gott mehr. Staunen über den inneren Reichtum heißt, sich immer wieder neu von der unergründlichen Tiefe beschenken zu lassen.

Die Ohrmuschel
Vom inneren Hören

So lass uns hören jenen vollen Klang
der Welt, die unsichtbar sich um uns weitet ...

DIETRICH BONHOEFFER

Ich sitze am Gartenteich. Die Blätter des Kirschbaumes rauschen im Sommerwind. Unter dem weit ausladenden Wacholderzweig hängt ein Windspiel mit Röhren aus Aluminium. Wenn sie vom Wind bewegt werden, erklingt ein heller Ton. Der Klang weht durch den Garten zu mir und hallt in mir nach. Dann herrscht Schweigen. Die Stille tut mir gut. Manchmal suche ich inmitten des Lebens diese Stille zwischen zwei Tönen. Eine Unterbrechung. Was aber suche ich in Stille und Schweigen?

Ich spiele mit meiner Muschel und halte sie an mein Ohr. Wie oft habe ich das Wort »Ohrmuschel« gehört, ohne dass Bilder vom Meer in mir auftauchten. Das Ohr hat die Form einer Muschel. Jetzt staune ich darüber. Hinter der Ohrmuschel liegt das Innenohr, die Cochlea. Auch sie hat die Form einer Muschel, ebenso das Labyrinth und die Bogengänge im Innersten des Ohres. Der Hörsinn, mit dem ich die Welt der Klänge, der Musik und der Sprache wahrnehme, ist aufgebaut wie eine Muschelkolonie!

Ich höre das Rauschen der Muschel und vernehme den Klang des Lebens, das Rauschen der Zellen und die Melodie des Seins. Urmelodien des Lebens, vertraut seit Kindheitstagen, seit der Entwicklung im Leib der Mutter. Von allen Sinnen wird der Hörsinn zuerst ausgebildet. Schon in der ersten Woche entwickelt der Embryo Ohren, zwischen dem vierten und fünften Monat ist das Innenohr vollständig ausgebildet. Im Meer des Fruchtwassers schwimmend hört der Embryo den Herzschlag der Mutter. Er spürt:

Da ist eine, die mit mir geht.
Ich bin nicht allein.
Ich bin geliebt.
Ich werde durchs Leben getragen.

...... Diese Urerfahrung liegt in jedem Menschen verborgen. Sie erklingt wieder im Rauschen der Muschel. Sie wird ablesbar am andächtigen Blick und stillen Lächeln des Kindes, das die Muschel vom Strand aufhebt und sich ans Ohr hält.
Keinen Sinn hat die Natur aufwendiger gestaltet als den Hörsinn. Kein Organ unseres Körpers hat mehr Nervenzellen und -endungen als das Innenohr. Wir sind Empfangende, Hörende. Durch das Ohr fließen uns heilende Kräfte zu. Wie die Schalen und Gehäuse der Muschel das empfindsame Weichtier schützen, so schützt das Felsenbein unser Ohr. Es ist der härteste Knochen unseres Körpers.
...... Das Rauschen der Muschel unterbricht den Alltag. Neue Töne erklingen. Sie erinnern an das Rauschen der unergründlichen Tiefen des Meeres, den Gesang der Wale. Es sind die

gleichen hohen Frequenzen, auf die sich das Ohr des Embryos konzentriert. Denn das Fruchtwasser im Mutterleib ist genauso wenig stumm wie der Ozean. Klangwellen von Musik durchdringen beide. Das Rauschen der Muschel erinnert auch an den unergründlichen Ozean der Seele. Ein unendliches Universum öffnet sich in uns. Auch hier erklingt die Harmonie der Sphären. Die Muschel sagt:

Sei ganz Ohr.
Finde ein neues Gleichgewicht.
Verweile,
übe dich in Geduld.
Werde empfindsam für die leisen Töne.
Harre aus in der Stille,
bis die innere Stimme erklingt,
deine Lebensmelodie.

······ Achtzig Prozent der Patienten, sagt ein Hausarzt, klagen über Leiden, die keine körperlichen Ursachen haben. Sie haben verlernt, auf die innere Stimme zu hören. Auf seinem Schreibtisch liegt eine wunderschöne Muschelschnecke. Die rosafarbene Öffnung weist den Weg nach innen. Sie scheint die Patientinnen und Patienten zu fragen: »Und wie sieht es bei dir weiter drinnen aus?«
······ In jedem Menschen gibt es eine innere Stimme. Sie ist die Stimme der Wahrheit. Sie ist der Arzt der Seele. Sie ist die

kleine Trommel des Gewissens und die zarte Lebensmelodie. Sie ist der innere Führer. Sie weiß, was nottut. Sie ist der innere Kompass, der den Weg durch den Ozean des Lebens weist. Sie ist das Gleichgewichtsorgan.

······ Was uns aus dem Gleichgewicht bringt, ist die Maßlosigkeit. Was uns krank macht, ist die Gier nach immer neuer Zerstreuung. Im Rauschen der Muschel erklingen leise Töne. Doch ihre Botschaft ist entschieden: Wer seine innere Stimme auf Dauer überhört, gerät aus dem Gleichgewicht und verliert die Balance. Die innere Stimme verschafft sich nicht nur Gehör, sie fordert Gehorsam. Im Wort »Gehorsam« erklingt das Wort »hören«. Hören heißt achtsam werden auf die innere Stimme. Sie meint es gut mit uns. Sie weiß, was uns fehlt. Die Religionen haben ihr viele Namen gegeben: das höhere Selbst, die Buddha-Natur, der Atman, die Stimme des Engels, des Christus in mir. Sie ist Gottes Stimme in mir. Die innere Stimme ist Gesang. Sie stimmt ein in den großen Lobgesang, den alles Lebendige erhebt, um sein Dasein zu bezeugen. Sie singt: »Schweige und höre, neige deines Herzens Ohr. Suche den Frieden.«

······ Das Rauschen der Muschel lenkt unseren Blick nach innen. Es öffnet den Blick in die Schatzhöhle unserer Seele. Welch unermesslichen inneren Reichtum gibt es in jedem Menschen zu entdecken! Eine innere Welt, die so unendlich groß ist wie das Universum über uns.

Der Blinde, der jede Muschel kennt
Vom Tasten und Fühlen

Mein Auge sieht, wohin es blickt,
die Wunder deiner Werke ...

CHRISTIAN FÜRCHTEGOTT GELLERT

...... Geerat Vermeij ist einer der größten Muschelkenner,
obwohl er in seinem ganzen Leben noch keine Muschel gesehen
hat. Professor Vermeij ist blind. Er kann jede Muschel allein
durch das Ertasten ihrer Form und Struktur erfassen. Als ich
meinen Kindern von diesem Muschelforscher erzählte, reagier-
ten sie spontan: Geerat Vermeij solle sich bei »Wetten dass ...?«
melden. So dachte auch ich. Erst durch die jungen Biologielehrer
Thorge Arp und Dennis Barnekow erhielt ich den Schlüssel
zum inneren Reichtum, der hier verborgen lag. Muscheln begreifen – diese Kunst hatte eine äußere, wissenschaftliche und
eine innere, spirituelle Seite. Die beiden Biologen haben nämlich
einen Tastschlüssel entwickelt, mit dessen Hilfe sich zehn Mu-
schelarten bestimmen lassen. Es sind ganz gewöhnliche Muscheln, wie sie überall an der Nordsee im Spülsaum gefunden
werden können.

...... Zuerst müssen wir sie mit einem Bestimmungsbuch in der
Hand sammeln gehen: Schwertmuschel, Miesmuschel, Säge-
zähnchen, Rote Bohne, Sandklaffmuschel, abgestutzte Klaffmuschel, Auster, Herzmuschel, Teppichmuschel und Amerikanische

Bohrmuschel. Dann schließen wir die Augen und lassen uns Muschel um Muschel von einem Freund reichen. Mit den Fingern betasten wir die Oberflächenbeschaffenheit der nach außen gewölbten Muschelschale. Ist sie überwiegend glatt oder wenigstens teilweise rau? Wir spüren noch einmal der äußeren Gestalt der Muschel nach und ordnen sie den beiden Gruppen zu.

...... Dann wenden wir uns den überwiegend glatten Muscheln zu. Wieder betasten wir jede Muschel einzeln. Ist sie lang und schmal (Schwertmuschel)? Ist sie spitz und hat ein rundes Ende (Miesmuschel)? Hat sie kleine Zähnchen am Rand, die leicht zirpen, wenn man mit dem Fingernagel darüberfährt (Sägezahnmuschel)? Ist sie rundlich und so groß wie zwei Fingerkuppen (Rote Bohne)? Sind beide Enden rundlich (Sandklaffmuschel) oder ist nur ein Ende rundlich, während das andere wie abgebrochen wirkt (abgestutzte Klaffmuschel)?

Jetzt ertasten wir die anderen Muscheln mit der rauen Oberfläche. Wir versuchen ihre Gestalt zu erspüren: Ist sie dick mit unregelmäßigen Erhebungen (Auster)? Ist sie gleichmäßig gerippt mit zackigem Rand (Herzmuschel)? Ist sie zum Teil rau wie Sandpapier (Teppichmuschel) oder eher stachelig (Amerikanische Bohrmuschel)?

...... Während die Nordseemuscheln durch meine Finger gleiten und ich dabei jeder Faser ihrer Gestalt mit geschlossenen Augen nachspüre, werde ich still und staune. Wie wunderbar ist die Welt der Sinne. Ich schließe die Augen und sehe das Meer in mir. Ich halte mir die Ohren zu und höre das Wellenrauschen

in meinem Inneren. Ich halte mir die Nase zu und rieche den
Seetang. Ich schließe den Mund und schmecke das Salz auf
meinen Lippen. Wir können mit geschlossenen Augen sehen,
mit geschlossenen Ohren hören, mit geschlossener Nase riechen
und mit geschlossenem Mund schmecken. Die Sinne sind das
Fenster der Seele. Was wir gesehen, gehört, gerochen und ge-
schmeckt haben, wurde zu innerem Reichtum verwandelt.

······ Muscheln am Strand sprechen zuerst den Sehsinn an. Sie
stechen ins Auge. Ich wähle die Formulierung bewusst. Was uns
sofort ins Auge sticht, kann zur Erblindung führen. Wir sind
zu Augenmenschen geworden, deshalb nehmen wir die Welt
nur noch beschränkt wahr. Auch Muscheln werben durch ihre
äußere Erscheinung um Aufmerksamkeit, doch durch den Sehsinn allein erschließt sich nicht ihr Geheimnis. Muscheln wollen
begriffen werden.

Kleine weiße Muschel
Von der Schlichtheit

> Die schätzbarsten Sachen im Reich der Natur
> hat der weise Schöpfer am tiefsten versteckt,
> am meisten verborgen.
>
> GERHARD TERSTEEGEN

..... Am Muir Beach nördlich von San Francisco fand ich zwei
Muschelschalen. Eine kleine von weißer Farbe mit einem gleichmäßigen Wellenmuster auf dem Rücken. Die andere lag schwer
in meiner Hand. Der Rücken war rau und von Seepocken über-
zogen. Vier kreisrunde Öffnungen waren zu sehen und zwei
kleine Löcher, die wohl von Spulwürmern in die harte, dicke
Schale gebohrt worden waren. Der Rücken der handtellergro-
ßen Muschelschale hatte eine weiße Farbe, die von roten und
gelblich-braunen Schichten durchbrochen war.

..... Ich hob beide Muschelschalen auf und drehte sie um. Die
kleine war innen wie außen von der gleichen schlichten weißen
Farbe. Einen Moment überlegte ich, ob ich sie ins Meer zurück-
werfen sollte, denn man findet die kleinen weißen Muschelschalen
tausendfach am Strand. Doch dann steckte ich sie ein. Die schwere
Muschel leuchtete innen aus der ganzen Farbenpracht des Regen-
bogens. Sie hatte sich eine wunderbare Perlmuttschicht gebildet.
Obwohl die Sonne von Wolken bedeckt war, glänzte es aus der
Schale in grün-bläulicher Pracht, als hätte das Muscheltier einst

das Himmelslicht in sich aufgenommen und in eine irisierende Gedächtnisspur verwandelt. Welch innerer Reichtum an Farben! Ich hatte eine der selten gewordenen Abalones gefunden.

...... »Und wie sieht es in deinem Inneren aus?«, schien mich die Muschel zu fragen. »Schlicht weiß oder in Perlmuttfarben prunkend?« Nicht jede Muschel produziert eine Perlmuttschicht. Bin ich eine Abalone oder eine kleine weiße Muschel? Ich weiß es nicht. Wir kennen weder uns selbst noch den anderen Menschen ganz. Wer weiß, wer er ist? Wer kennt sich selbst bis in die letzten Kammern? Wir sind uns selbst Geheimnis.

...... Aber wir haben Ahnungen, Wünsche, Hoffnungen und Illusionen. Vielleicht spüren wir, dass wir eine kleine schlichte Muschel sind, aber wir wollen sein wie die prächtige Abalone. Wir wollen etwas sein, was wir nicht sind. Daraus wächst viel Täuschung und Enttäuschung. Vielleicht glaubten wir in unserer Jugendzeit, eine farbenprächtige Abalone zu sein, bis uns das Leben zeigte, wer wir wirklich sind. Das ist die Stunde der Wahrheit.

...... Wir sind ein Leben lang auf der Reise zur Mitte. Was sich hinter der Schale verbirgt, können wir nur schrittweise erkunden. Der eigene innere Reichtum und der Reichtum des anderen Menschen enthüllen sich durch Gespräche, Erfahrungen, einen gemeinsamen Lebensweg. Wir sind unterwegs zueinander. Geheimnisvolle Schätze gibt es überall zu entdecken. Denn niemand ist ohne inneren Reichtum.

...... Einige sind innerlich voller Glanz wie die Abalone. Sie sind mit vielen Talenten gesegnet, strahlen stets Heiterkeit und

Lebensfreude aus, sind voller Elan und Ideenreichtum. Mit ihnen zeigt man sich gerne. Wenn sie den Raum betreten, blicken die anderen Gäste auf, wenn sie das Wort ergreifen, verstummt das Gespräch.

⸺ Wie mag sich die schlichte kleine weiße Muschel neben der Abalone fühlen? Gewiss sehr wohl. Denn sollte sie sich minderwertig fühlen, nur weil es nicht ihr Auftrag ist, eine Perlmuttschicht zu bilden? Wer ihr geheimnisvolles Wesen erkundet, wird eine andere Art des inneren Reichtums entdecken. Ihre Tugenden sind die Schlichtheit und Bescheidenheit. Sie ist frei von Eitelkeit. Sie besitzt die Gabe des Zuhörens und der Geduld. Die weiße Muschel strahlt innere Ruhe aus. Wer sie kennt, vertraut sich ihr an. So ist die kleine weiße Muschel voller Geschichten. Die bunte Vielfalt des Lebens macht ihren inneren Reichtum aus.

⸺ Ich habe sie vom Strand mit nach Hause genommen. Ihre Schlichtheit hat mich zu einem genauen Hinsehen erzogen. Die kleine weiße Muschel fordert von mir Geduld, den zweiten und dritten Blick und die stille Betrachtung. Und ich beginne, sie immer besser kennenzulernen. Sie ist überhaupt nicht weiß, sondern das Innenmuster ihrer Schale enthält viele Schattierungen. Die Abalone liegt vor meinem Schreibtisch auf dem Fensterbrett und glänzt mit oder ohne Sonne am Tag. Die kleine weiße Muschel aber hat ihren Platz im Badezimmer gefunden. Ich betrachte sie abends und morgens. Am Abend ist sie das Tor zur Nacht und in den frühen Morgenstunden das Tor zum Tag. In ihre weiße Schale lege ich die bunten Träume der Nacht. So ist sie meine andere Seite.

Miesmuschelkolonie
Den Wellen des Lebens standhalten

Wie lebe ich mit diesem Schatten?

CARL GUSTAV JUNG

..... Von Borkum war schon die Rede. Hier verbrachten meine Geschwister und ich regelmäßig die Sommerferien. Wir wohnten in der Pension Stomberg am Alten Damenpfad oder im Haus Rote Erde direkt gegenüber dem neuen Leuchtturm. Anfang der Sechzigerjahre fuhren wir von Emden Außenhafen zum ersten Mal durch das Wattenmeer in Richtung Borkum. Unterwegs entdeckte meine Mutter, dass wir auf demselben Dampfer fuhren, mit dem sie jeden Sommer von Cranz nach Schwarzort gereist war. Manchmal besteht das Leben aus geheimnisvollen Vernetzungen. Wenn wir darüber nachdenken, wird es uns unheimlich. Wir spüren das Webmuster des Lebens. Licht und Schatten gehören dazu. Die Mutter wusste aus eigener Erfahrung von beidem viel zu erzählen. Da waren die lichten Jahre der Kindheit am Meer und die dunklen Jahre der Flucht aus Königsberg.

..... Auf Borkum waren die Eltern entspannt und unternahmen stundenlange Strandgänge. Zu Hause war der Vater ständig in Bewegung. Immer wurde im Garten gearbeitet oder am Haus gebastelt. Auf Borkum dagegen waren wir Kinder es, die keinen Müßiggang kannten. Wir gruben Wasserlöcher, bauten hohe

Sandburgen und zogen große Schutzwälle um den Strandkorb herum. Um die Stabilität der Burg zu erhalten, mussten ihre Mauern regelmäßig mit Wasser beträufelt werden. Die Kinder der Feriengäste aus England, Italien oder Holland umstanden uns staunend und wunderten sich über unseren deutschen Arbeitseifer. Wir verzierten die Burgen und Wälle mit Muscheln, entwarfen Muster, Ornamente und Mäander. Der Höhepunkt unserer Arbeit war die Namensgebung. Wir sammelten dunkelfarbige Muscheln, die weithin sichtbar waren, und legten aus ihnen den Namen unserer Burg.

...... Den Namen unserer tief schwarzblauen Muscheln hörten wir von den Eltern. Es waren Miesmuscheln. »Welch geheimnisvoller Name!«, dachten wir. Er bewegte unsere kindliche Fantasie. Wir kannten die Ausdrücke »Miesmacher«, »in die Miesen kommen«, wir wussten, was ein »mieser Kerl«, ein »mieses Essen« oder eine »miese Stimmung« sind. Was aber war »mies« an der Miesmuschel? Konnte man sie nicht essen? Ging es einem nach dem Verzehr einfach mies? Das Gegenteil sei der Fall, sagte der Vater. Überall auf der Welt seien Miesmuscheln verbreitet und als Nahrungsmittel sehr beliebt. Das Wort »mies«, so las ich später, leitet sich zum einen von dem hebräischen »me'is« ab, was schlecht, verächtlich, widerlich bedeutet. Unsere Miesmuscheln aber tragen in sich das altdeutsche Wort »mies«. Es bedeutet Moos, Sumpf oder Moor.

...... Miesmuscheln kommen weltweit in flachem Wasser innerhalb der Gezeitenzone vor. Der schwedische Botaniker Carl von Linné gab der Miesmuschel den wissenschaftlichen Namen Mytilus edulis. Ihre dreieckigen Schalen mit perlmuttfarbener Innenseite sind relativ dünn. Miesmuscheln können bis zu 15 Zentimeter lang werden. Die meisten Arten leben in großen Kolonien und heften sich mit ihren Byssusfäden an Steine, Pfähle und Buhnen. Zum Schutz des Strandes waren künstliche Dämme aus Stahl, Beton und Granit errichtet worden. Sie reichten weit ins Meer hinaus. Bei Flut tauchten sie im Wasser unter. Doch bei Ebbe sahen wir die Miesmuscheln an den Buhnen kleben. Sie bildeten riesige Kolonien. Selbst mit größtem Kraftaufwand war es uns unmöglich, sie von den Steinen zu lösen. Mehrfach schlitzten wir uns bei dem Versuch die Finger auf.

...... Warum hat sich mir das Bild der Miesmuschelkolonie eingeprägt? Als Kind faszinierte mich die Standfestigkeit der Miesmuscheln. Wenn wir bei Flut in der Brandungszone standen, so spülten uns die großen Wellen fort. Die Miesmuscheln aber trotzten selbst den größten Brechern. »Gemeinsam sind wir stark«, dachten wir beim Anblick der Muschelbänke, hielten uns an den Händen und blickten auf die offene See. Trotzdem spülte uns die nächste große Welle fort.

...... Heute ergreift mich ein anderes Faszinosum, wenn ich an die schwarze Miesmuschel denke. Es geht aus von dem Ort, an dem sie im Gezeitenwechsel lebt. Bei Flut ist sie in den geheimnisvollen Tiefen des Meeres verborgen, bei Ebbe tritt sie ans Licht des Tages. Ein Teil ihres Lebens verbringt sie im Sichtbaren, den anderen Teil im Unsichtbaren. Unserer Seele geht es nicht anders. Auch sie hat eine Schattenseite, einen unsichtbaren und verborgenen Teil. Dürfen wir diese dunkle Seite auch zu unserem inneren Reichtum zählen?

...... Schattenerfahrungen treten auch in der behütetsten Kindheit auf. Mit der Mutter bin ich zu Besuch bei Fritz Hullmann in Oldenburg. Hier in der Mottenstraße hatte sie nach dem Krieg Arbeit gefunden. Jedes alte Haus birgt Geheimnisse und dieses in besonderem Maße. Ich durchstöbere die Zimmer, gelange auf den Dachboden. Er ist vollgestellt mit alten Gerätschaften, Kisten und Kartons. Ich finde Spielsachen, Bauklötze und Soldaten. Plötzlich blickt hinter dem Schornstein ein Frauengesicht hervor. Namenloses Entsetzen greift nach meiner Seele. Dann ein zweiter und dritter Blick. Alles geschieht in Sekundenschnelle. Das Gesicht gehört zu einer Schaufensterpuppe. »Onkel Fritz« hatte sie hier oben abgestellt, erfahre ich später. Auch liebte er, derbe Späße mit der Puppe zu treiben. So legte er sie neben seine schlafende Frau ins Ehebett. Beim Erwachen war der Schrecken groß. Aber das war nicht das Geheimnis der Puppe auf dem Speicher. In ihr verborgen lag etwas Namenloses, ein Geheimnis von Faszination und Grauen. Den Speicher habe ich nie mehr betreten.

...... Mein Freund Rüdiger und ich waren Spezialisten des Unsichtbaren, jedenfalls im Alter von sechs Jahren und bevor wir eingeschult wurden. Im Garten hinter der Garage des Freundes war ein kleines Motorboot abgestellt. Dort wohnten die Kockschies. Sie waren weder ausschließlich gut noch böse. Die

Kockschies wohnten dort, wo der Einfluss der Eltern aufhörte.
Sie waren unser Geheimnis. Niemand außer uns konnte die
Hausgeister sehen und niemals haben wir mit den Erwachsenen
über sie gesprochen, nicht einmal mit gleichaltrigen Freunden.
...... Auch im Garten meines Elternhauses lebten Geister. Wie
jeden Nachmittag spielten wir und bauten große Sandburgen
mit labyrinthischen Gängen und Höhlen, auf denen wir Glas-
murmeln laufen lassen konnten. Direkt vor der Gartenlaube lag
der Sandkasten. War ich es, der Rüdiger verleitete, auf das Dach
der Laube zu klettern, dorthin, wo die Geister sich verborgen
hielten? Er kletterte hinauf. Was geschah dort oben? Was hatte
der Freund gesehen? Wer hatte ihm eingeredet, er könne fliegen
wie ein Engel? Hatte ich ihn provoziert? Hatte ich ihm gesagt,
er könne einen Kopfsprung in den Sand wagen, denn dieser sei
weich wie Wasser? Rüdiger jedenfalls sprang vom Laubendach,
stürzte mit dem Kopf zuerst in den Sand und rang lange nach
Luft. Eine Warnung, sonst war nichts Ernsthaftes passiert. Ich
aber war voller Schuldgefühle und schenkte ihm ein Fünfzig-
pfennigstück, meinen ganzen Besitz, damit er Schweigen wahre.
...... Geheimnisvoll wie die Muschel ist auch die andere Seite
in unserer Seele. Sie begann mich zunehmend zu interessieren.
Während meines ersten Aufenthaltes in der Schweiz entdeckte
ich bei einem Antiquar in Bern die Autobiografie von Carl Gustav Jung. Er erzählt darin von seiner Erfahrung der anderen
Seite. Bilder von Licht und Schatten steigen in seiner Erinnerung auf. Eine blutige Wasserleiche im Garten des Pfarrhauses,

die zeitweilige Trennung der Eltern und der mehrmonatige
Aufenthalt der Mutter im Spital, wechselnde Kindermädchen,
frühe Krankheiten, ein Sturz die Treppe hinab und beinahe der
Fall durch das Geländer der Rheinbrücke. Am bedrohlichsten
aber war die Angst vor dem schwarzen Mann. Dann die erste
Erinnerung an einen Frühlingstag. Der kleine Junge liegt in
seinem Kinderwagen, der neben der reformierten Kirche steht.
Hier übt sein Vater das Predigtamt aus. Im Hintergrund das
Rauschen des Rheinfalles und über ihm Sonnenstrahlen, die
durch die Blätter und Blüten des Baumes fallen, unter dem
er liegt. Licht und Schatten erlebt das Kind im wunderbaren
Zusammenspiel. Im Anfang war das Staunen, dann kam der
Schrecken. Jungs Mutter sprach jeden Abend mit ihrem Kind
ein Gebet. In ihm war in anderer Weise von Licht und Schatten
die Rede:

»Breit aus die Flügel beide,
O Jesus, meine Freude,
Und nimm dein Küchlein ein.
Will Satan es verschlingen,
So lass die Englein singen:
Dies Kind soll unverletzet sein.«

······ Die arme Mutter konnte nicht ahnen, welche Ängste Paul
Gerhardts berühmtes Abendlied in der Seele des kleinen Carl
Gustav auslöste. Von Jesus war im schweizer Pfarrhaus oft die

Rede. Jesus war gut. Er gehörte zur lichten Seite der Welt, das
hatte Carl Gustav oft gehört. Doch in Paul Gerhardts Lied
schien plötzlich eine dämonische Seite Jesu aufzuleuchten:
»Und nimm dein Küchlein ein« – das Wort »Küchlein« wurde
im schweizer Dialekt »Chüechli« ausgesprochen. »Chüechli«
waren kleine Kuchen. Die kindliche Logik stand vor einem
ungeahnten Problem. Dass der Teufel Kinder und Kuchen verschlingen will, leuchtete ihr ein. Jesus musste dies verhindern.
Deshalb aß er dem Satan die Küchlein weg. War Jesus also ein
Menschenfresser?

······ Die Mutter ahnte nichts von diesen Abgründen. Weitere
sollten sich im Laufe der Kindheit öffnen: Auf der Landstra-
ße sieht Carl Gustav Jung eine Gestalt mit breitem Hut und
schwarzem langem Gewand auf sich zukommen. Er fragt sich:
Sehen so die Jesuiten aus, vor deren Umtrieben ihn der Vater
gewarnt hatte? Er flieht auf den Dachboden und versteckt sich
dort für Stunden. In der Nacht hat er einen Traum. Er steigt
in ein schwarzes Erdloch. Über eine Treppe gelangt er in einen
halbdunklen Raum, in dessen Mitte ein Königssessel steht. Auf
ihm sitzt der Menschenfresser. Mit wem hätte das Kind über
seine Ängste sprechen können?

······ Die Eltern schliefen getrennt. Carl Gustavs Bett stand im
Schlafzimmer des Vaters. Durch einen Spalt der Tür kann er ins
Schlafzimmer der Mutter hinüberblicken. Nachts sieht er eine
Lichtgestalt aus ihrem Zimmer treten. Plötzlich hebt sich der
Kopf vom Rumpf, fliegt davon, und ein zweites Haupt wächst

nach. Mit sieben Jahren leidet Carl Gustav unter Erstickungsan-fällen, mit dreizehn Jahren wird er wiederholt ohnmächtig. Die Ärzte diagnostizieren Epilepsie. Dann überfällt ihn eine Vision. Er sieht die neuen buntglasierten Ziegel des Baseler Münsters und denkt: »Die Welt ist schön, und die Kirche ist schön, und Gott hat das alles geschaffen und sitzt darüber, weit oben im blauen Himmel, auf einem goldenen Thron.« Das ist die lichte Seite des Geheimnisses, das sind die schönen Bilder vom inne-ren Reichtum. Doch nun offenbart sich auch die andere Seite: »Gott sitzt auf goldenem Thron, hoch über der Welt, und unter dem Thron fällt ein ungeheures Exkrement auf das neue bunte Kirchendach, zerschmettert es und bricht die Kirchenwände auseinander.«

‥‥‥ Drei Nächte schläft der Knabe schlecht. Immer wieder fragt er sich: »Woher kommen solche Dinge? Es passiert ohne mein Zutun. Wieso?« Mit dem Vater kann Carl Gustav Jung nicht über diese geheimnisvoll dunklen Bilder sprechen. Zuerst schämt er sich ihrer, dann aber begreift er sie als eine Auszeichnung. Auch die Schattenwelt gehört zum inneren Reichtum der Seele. Sie gehört zu ihrem Geheimnis. Von diesem Moment an hört der Dreizehnjährige die Predigten seines Vaters von der gütigen und lichten Seite Gottes mit einem Gefühl innerer Überlegenheit: »Ja, ja, das ist ganz schön. Aber wie verhält es sich mit dem Geheim-nis? Es ist ja auch das Geheimnis der Gnade. Ihr wisst nichts da-von. Ihr wisst nicht, dass Gott will, dass ich sogar das Unrecht tue, das Verwerfliche denke, um seine Gnade zu erleben.«

..... Wenn ich heute bei Ebbe Miesmuschelkolonien an den
Wellenbrechern und Buhnen sehe, dann denke ich an die Schattenwelt in uns. Auch sie will mitleben, angenommen und zu
innerem Reichtum verwandelt werden. »Um ein ganzer Mensch
zu sein, müssen wir sowohl unsere innere wie unsere äußere
Realität erforschen«, sagt Richard E. Cytowic, Professor für
Neurologie an der Universität Washington D.C. »Wenn wir im
Meer unseres Unbewussten schwimmen, machen wir sowohl
positive wie negative Erfahrungen. Und wenn wir dann wieder
am Ufer unseres Bewusstseins stehen, werden nicht allein Inspirationen herangespült, sondern auch die dunkelsten Wahrheiten
über uns selbst.«

Die Perle
Innerer Reichtum wächst im Verborgenen

Wer ist es, der da spricht in meinem Ich?
Bin ich die Perle, bin die Muschel ich?
O Herr! bin in dem Leibe ich die Seele?
Bin in dem Schachte ich wohl die Juwele?

BABA KAIGHUSIS

····· Alle Muscheln können Perlen bilden. Manche sind schwarz, andere zart rosafarben. Die größte Perle der Welt stammt von der Riesenmuschel (Tridacne gigas) und ist sechs Kilogramm schwer. Eine bekannte perlenbildende Muschel ist die Auster. Sie haftet auf steinigem Untergrund und bewegt sich ihr ganzes Leben lang nicht vom Fleck. Austern können bis zu 20 Jahre alt werden. 60 bis 80 Jahre wird die Flussperlmuschel. Perlenfischer können sie behutsam öffnen, ohne sie zu schädigen. Natürlich gewachsene Perlen finden sie nur in jeder hundertsten Muschel, Perlen bester Qualität nur in jeder 2700. Muschel. Über Jahrhunderte galten Perlen als größte Kostbarkeiten. Nur Reiche erfreuten sich ihres Besitzes.

····· Perlen bestehen wie die Perlmuttschicht der Schale aus Aragonit. Dieser setzt sich aus hauchdünnen Schichten von rhombenförmig kristallisiertem Kalk zusammen. Aus wissenschaftlicher Sicht ist die Perlenbildung eindeutig erforscht: Wenn ein Fremdkörper in das Fleisch der Muschel dringt, wird er unter drehenden Bewegungen mit einer schützenden Hülle umgeben. Gerät der Fremdkörper zwischen Perlmuttschicht und Mantel, entsteht eine Halbperle.

······ Die weißen Schmuckperlen stammen von der großen Seeperlmuschel mit dem lateinischen Namen Margarita. »Margarita« bedeutet »Perle«. Perlmuscheln sind in allen warmen Meeren der Erde verbreitet. Sie besitzen eine dicke, runde, flache Schale mit schuppiger Oberfläche. Wie Lachs, Forelle oder Karpfen werden auch Perlen heute industriell gezüchtet. Besonders verbreitet ist die Japanische Perlmuschel mit dem Namen Akoya (Pinctada fucata). Sie wird in geschützten Buchten, den sogenannten Perlfarmen, gezüchtet. Freischwimmende Muschellarven werden an Flechtzäunen aus Bambus ausgesetzt. Hier entwickeln sie sich von Sommer bis Spätherbst. Dann werden sie geerntet, in Gitterbehälter verteilt und wieder ins Meer versenkt, wo sie unter Kontrolle etwa drei Jahre lang heranwachsen. Dann werden ihnen winzige Perlmuttkugeln zur Perlenbildung eingepflanzt. Für die Muschel ist dies eine Qual. Die Hälfte der auf diese Weise behandelten Muscheln stirbt. Die anderen produzieren im Lauf der folgenden sechs Jahre Perlen. Gut 60 % sind als Schmuckperlen verwertbar. Weltweit werden heute etwa 500 Millionen Zuchtperlen produziert.

······ Haben diese Perlen noch ein Geheimnis? Versetzen sie uns in Staunen wie die echten Perlen, die der Taucher aus der Tiefe des Meeres ans Licht holt? Allein diese Perlen waren zu allen Zeiten ein Symbol für das Geheimnis der menschlichen Seele. Wie der innere Reichtum in uns, so wächst auch die echte Perle im Verborgenen. Kein Edelstein kann es mit der Perle aufnehmen. Denn Edelsteine müssen vom Menschen bearbeitet werden, bevor sie als Schmuckstück glänzen. Die Perle aber tritt als vollkommenes Gebilde rein aus der Muschel hervor. Sie ist ohne menschliche Kunst gewachsen. Wir empfangen sie als ein Geschenk wie die Perlen der Liebe, der Hoffnung und des Glaubens. Auf der Perle liegt der Abglanz einer überirdischen Schönheit. Deshalb sind auch die zwölf Eingangstore zum Himmel, von denen die biblische Offenbarung des Johannes spricht, nicht aus Edelsteinen, sondern aus Perlen gefertigt.

...... Anders als der Diamant hat sich die Perle aus organischem Material gebildet. Sie ist verdichtetes Leben. Rein, klar und rund tritt sie aus lebendigem Fleisch hervor. In der Vollkommenheit ihrer Gestalt liegt ein Abglanz gelungenen Lebens.

Perle aus der Muschel,
dein Anblick
weckt in mir das Gefühl der Vollkommenheit.
Ein Glanz überirdischer Schönheit ruht auf dir.

Diamant, Smaragd und Rubin funkeln,
du aber bist schlicht,
deine Form ist rund,
deine Gestalt klar.
Wahrer innerer Reichtum
glänzt aus Schlichtheit und Klarheit.

⋯⋯ Perlen wachsen im Verborgenen. Doch eines Tages treten sie ans Licht. Die Muschel ist tot, aber das, was sie zwischen ihren harten Schalen gebildet hat, lebt weiter. Doch auch die Perle wird eines Tages nicht mehr sein. Sie teilt mit uns die Endlichkeit und Vergänglichkeit. Gerade deshalb erfreuen wir uns an ihrer Schönheit. Die Vollkommenheit der Perle ist ein Wunder im Meer der Zeit. Gilt das auch für die Perlen der Liebe, der Hoffnung und des Glaubens? Werden sie uns überdauern und Zeugnis ablegen von der inneren Schönheit und dem verborgenen Reichtum, der hinter manch harter Schale des Lebens verborgen war?

⋯⋯ Und noch ein Geheimnis bewegt mich immer wieder von Neuem, wenn ich über die Perle meditiere: Die Muschel wird ihre Perle niemals im Licht der Sonne sehen können. Ich frage mich: Würdest du etwas schaffen, ohne das fertige Produkt jemals sehen zu dürfen? Würdest du ein Haus bauen, ohne es bewohnen zu dürfen? Würdest du einen Garten anlegen, ohne in ihm wandeln zu dürfen? Hast du nicht einen Anspruch auf Anerkennung deiner Bemühungen und ein Recht auf Erfolg? Jeder Mensch will die Früchte seiner Bemühungen ernten. Die Muschel ist anders als ich. Die Muschel will nicht glänzen. Sie fragt nicht: Was kostet es mich? Was habe ich davon? Wie viel Zeit muss ich investieren? Vielleicht weiß die Muschel nicht einmal von ihrer inneren Schönheit. Ich spüre: Der innere Reichtum ist umsonst. Er ist ein Geschenk, er ist nicht mein Besitz. Deshalb leuchtet auf den Perlen der Liebe, der Hoffnung und des Glaubens der Glanz der Gnade. Die Muschel sagt:

Wenn du deinen Ort gefunden hast,
geh nicht wieder fort.
Wurzele ein und wachse!
Bilde im Verborgenen
Perlen der Liebe,
der Hoffnung,
des Glaubens,
Perlen der Schlichtheit und
der Klarheit.

Tritt die Perle ans Licht,
schenkt sie der Welt Glanz.

Du siehst ihn nicht.
Doch wachsen
spürtest du ihn in dir.

Was du empfangen hast,
das gib auch wieder frei.

...... Ich blicke noch einmal auf die Muschel und begreife: Auch ich werde die schönsten Perlen meines Lebens niemals zu Gesicht bekommen. Denn was in mir reifte und Gestalt annahm, was durch mich in meinem Beruf weiter wirkte, was ich meinen Kindern schenkte – all das wirkt auf geheimnisvolle und unsichtbare Weise weiter und bildet neue Perlen. Innerer Reichtum wächst im Verborgenen und über uns hinaus in ein neues Leben.

Sandkörner
Den Schmerz in eine Perle verwandeln

Doch wie die Muscheln, die Verletzung litten,
Im Schoße formen den verlornen Saft:
Aus Leiden ward der Perlen Glanz erstritten,
So wuchs dies Lied aus einer bittren Stunde.
Aus einer Träne ward dies Lied erschafft.
Und ich vergaß der kaum empfangnen Wunde.

FRANZ GRILLPARZER

...... Die Betrachtung der Perle weckt in uns das Gefühl der
Vollkommenheit. Staunen, Bewunderung, Ehrfurcht erfüllen
die Seele. Auch ein Gedicht, ein Ballett, ein Kunstwerk oder ein
Gang durch eine gotische Kathedrale können uns erheben. Das
Vollkommene atmet Leichtigkeit. Wer denkt beim Anblick der
Perle an das Sandkorn, das sie umschließt? Das Gedicht verrät
nichts von der mühsamen Suche nach dem treffenden Wort.
Leicht wie ein Vogel schwebt die Tänzerin über die Bühne. Ihre
Bewegungen erinnern nicht an den langen Weg der täglichen
Übung. Das vollendete Gemälde lässt die zahlreichen Entwürfe
vergessen. Der himmelstrebende Bau der Kathedrale wirkt wie
aus einem Guss. Wer dächte bei seinem erhabenen Anblick an
das mühsame Behauen der Steine und den Sand, der zwischen
den Fugen als Mörtel gerann? Mühsal, Schmerz, Entbehrung
und Erdenschwere sind verwandelt in Schönheit.

······ Staunend stehe ich vor dem Geheimnis der Muschel. Auch die Perle ist verwandelter Schmerz. Die Biologie lehrt über die Entstehung der Perle Folgendes: Zwischen die Schalen der Muschel ist ein Fremdkörper eingedrungen. Ein Sandkorn zum Beispiel. Das Muschelfleisch ist weich und empfindsam wie unsere Haut, die leicht von einem Dorn oder einem Holzsplitter verletzt werden kann. Uns schmerzt der Fremdkörper. Bald rötet sich die Wunde. Sie pulsiert und wird eitern, wenn es uns nicht gelingt, den Splitter mit einer Nadel aus dem Fleisch zu ziehen. Weil die Muschel das Sandkorn nicht ausspeien kann, umschließt sie den Fremdkörper mit den Zellen der Manteloberfläche, aus denen sie ihre Schalen bildet. So entsteht die Perle. Diese ist wie die Muschelschale aufgebaut, nur in umgekehrter Richtung. Die glänzende Perlmuttschicht auf der Innenseite der Muschel ist auf der Perle zur Außenseite geworden. Auf der spirituellen Ebene erzählt die Entstehung der Perle von der Kraft der Verwandlung, die in jeder Seele ruht. Die Muschel sagt:

Höre ein Geheimnis:
Was dich verletzte,
was dich verwundete,
es hat dich auch befruchtet.

Du zweifelst:
Denke an den Freund oder die Freundin,
die Eltern oder die Kinder,

deine Erfahrungen in Schule, Studium oder Beruf,
an alle Wunden,
die dir das Leben schlug
durch eigene oder fremde Schuld.
Ließen sie dich nicht
wachsen,
reifen
und
Perlen bilden?

...... Geheimnisse können nicht erklärt oder bewiesen werden. Wir müssen ihrer Wahrheit nachspüren: Ist das Bild für mich stimmig? Kommen meine Erfahrungen zum Ausdruck? Finde ich mich in dem Bild wieder? Geheimnisse offenbaren sich nicht zu jeder Zeit. Ich muss Geduld mit ihnen und mit mir haben. Irgendwann werde auch ich spüren: Auch mein Schmerz wird in eine glänzende Perle verwandelt werden. Die Muschel sagt:

Verdränge den Schmerz nicht,
sondern verwandle ihn in die Perle!
Du hast heilende Kräfte in dir!
Vertraue auf die Kraft der Wandlung in deiner Mitte!
Vielleicht hast du sie noch nie gespürt.
Aber sie ruht in dir.
Sie gehört zu deinem inneren Reichtum.

..... Perlen sind verwandelter Schmerz. Welch ein Mysterium! Um das Sandkorn in eine Perle zu verwandeln, bedarf es vor allen Dingen der Geduld. Geduldig sein heißt nicht, alles zu dulden und Demütigung hinzunehmen. Im Vertrauen auf die geheimnisvolle Kraft der Verwandlung aber ist die Muschel stark und beharrlich. Sie lässt sich nicht leicht enttäuschen und gibt die Hoffnung niemals auf. Sie wirkt im Stillen, aber mit Entschiedenheit. Die Muschel sagt:

Spüre in dir die Kraft der Verwandlung!
Wandle
das Sandkorn der Mühsal
in die Perle der Leichtigkeit,
das Sandkorn des Schmerzes
in die Perle der Freude,
das Sandkorn der Entbehrung
in die Perle der Fülle,
das Sandkorn der Enttäuschung
in die Perle der Zuversicht,
das Sandkorn der Ungeduld
in die Perle der Geduld,
das Sandkorn der Eifersucht
in die Perle der Toleranz,
das Sandkorn der Ungerechtigkeit
in die Perle der Gerechtigkeit.

Perlen wachsen nicht in wenigen Tagen, und der Schmerz ist nicht im nächsten Augenblick überwunden. Alles braucht seine Zeit. Schicht um Schicht umhüllt die Muschel das Sandkorn mit Perlmutt. Unendlich langsam wächst die Perle in ihr. Noch lange spürt die Muschel das Sandkorn in sich. Doch eines Tages wird der Schmerz eine ferne Gedächtnisspur sein, bis er sich schließlich ganz in der Erinnerung verliert. Doch noch ist der Weg weit.

Das Muschelhaus
Verwandlung braucht Schutzräume

Seele des Menschen,
Wie gleichst du dem Wasser!
Schicksal des Menschen,
Wie gleichst du dem Wind!

JOHANN WOLFGANG VON GOETHE

..... Die Mystiker des Orients erzählen andere Geschichten von der Entstehung der Perle: Unter den vielen Wassertropfen, die im Frühlingsregen vom Himmel in das Meer fallen, befinden sich zuweilen Tropfen besonderer Art. Sie stammen aus einer fernen Welt. Ihr Ursprung ist nicht der Himmel, den wir mit den Augen sehen können, sondern ein Ort jenseits der Wolken. Dieser Himmel wird von den Mystikern als wahre Heimat des Menschen beschrieben. Aus ihm, so lehren sie, stamme die Seele, in ihn werde sie eines Tages wieder zurückkehren. Wenn der himmlische Wassertropfen in das weite Meer stürzt, so fühlt er sich fremd und allein. Die Muschel aber erkennt ihn, öffnet ihre Schalen und nimmt den Wassertropfen in sich auf. Sie gibt ihm Schutz und einen Zufluchtsort. Zwischen den Schalen der Muschel wird der Wassertropfen zu einer wunderschönen Perle umgebildet. Diese Perlen werden Tautropfen oder Tränen des Himmels genannt.

In der christlichen Tradition wurde Maria als Muschel verehrt, in der die Perle Christus gebildet wurde. Ephraim der Syrer sagt: »Wenn der Blitzstrahl ins Meer schlägt, dringt die Mischung von Feuer und Wasser in die Muschel ein; diese schließt die geöffneten Schalen, und in dem Schaltier entwickelt sich allmählich die Perle zu Schönheit und Wert; sie löst sich von dem Tiere ab, ohne dessen Wesen irgendwie zu verändern oder zu schädigen. Bedenke den Dienst des unvollkommenen Fleisches an der Perle, und du wirst wahrlich glauben, dass Christus aus dem Weib geboren wurde. Ich bewundere die Perle, weil sie mir erzählend von Christus spricht. Ich griff zum Gleichnis, weil es mir eine zweifache Erkenntnis brachte. Ich erkannte in ihm die Mischung der Natur und die Kraft der Gottheit. Ich erkannte die Übereinstimmung des Entgegengesetzten und die Verwandlung des Gegebenen der Natur. Ich sehe den Himmel und die Erde verbunden.«

...... Manchmal spüren wir diese Kraft der Verwandlung in uns. Dann wissen wir: Wir sind nicht nur von dieser Welt. In uns ist Licht. Das Licht der Geduld, das Licht der Liebe, das Licht des Himmels. Es leuchtet inmitten unserer Nacht. Die Perle ist die Seele. Ihre Heimat ist der Himmel. Der Ort, wo sie neu geboren wird, ist die geheimnisvolle Tiefe des Meeres. Im »Buch der Parabeln« seines »Westöstlichen Divans« dichtet Goethe:

»Vom Himmel sank in wilder Meere Schauer
Ein Tropfen bangend, grässlich schlug die Flut,
Doch lohnte Gott bescheidnen Glaubensmut
Und gab dem Tropfen Kraft und Dauer.
Ihn schloss die stille Muschel ein.
Und nun, zu ew'gem Ruhm und Lohne,
Die Perle glänzt an unsers Kaisers Krone
Mit holdem Blick und mildem Schein.«

..... Die islamische Mystik, von der sich Goethe hat anregen
lassen, hat viele Namen für die Perlen. Sie werden auch Tränen
der Engel genannt oder Tränen Gottes.

..... Die Perlen, so erzählt eine andere mystische Tradition, seien
aus den Tränen entstanden, die Adam und Eva beim Tod ihres
Sohnes Abel weinten.

..... Man muss diesen Bildern nachspüren und ihre Wahrheit
am eigenen Leben überprüfen. Die Seele ist ein Tautropfen des
Himmels, sie ist eine Träne Gottes in mir: Stimmt das für mich?
Erfahre ich mich so in Stunden der Melancholie und Trauer?
Wenn ich weine, weint dann der Himmel in mir? Wenn ich
Angst habe, ängstigt sich der Himmel in mir? Wenn ich mich
in der Welt fremd fühle, wird sich dann die Seele in mir ihrer
Fremdheit bewusst? Ich frage mich: Bekommen im Licht dieses
Symbols die Stunden der Einsamkeit und des Weltschmerzes
einen neuen Sinn? Und liegt im Bild der Tränen des Himmels
nicht auch mein Auftrag: Muschel zu sein für die Tränen der

Trauer über das verlorene Paradies? Ein Ort, wo sich Trauer in Freude verwandelt und Tränen in Perlen. Gefäß und Zufluchtsort. Gibt das den Stunden der Einsamkeit, der Trauer nicht einen neuen Sinn?

..... Friedrich Rückert kannte diese geheimnisvolle Kraft der Verwandlung aus eigener Erfahrung. In über 500 »Kindertodtenliedern« versuchte er, seinen Schmerz über den frühen Tod von zweien seiner Kinder zu überwinden. Als Orientalist war ihm die islamische Überlieferung vertraut, wenn er dichtete:

»Der Himmel hat eine Träne geweint,
Die hat sich ins Meer verlieren gemeint.
Die Muschel kam und schloss sie ein:
Du sollst nun meine Perle sein.

Du sollst nicht vor den Wogen zagen,
Ich will hindurch dich ruhig tragen.
O du mein Schmerz, du meine Lust,
Du Himmelsträn in meiner Brust!

Gib, Himmel, dass ich in reinem Gemüte
Den reinsten deiner Tropfen hüte.«

Auf dem Basar
Die Kunst der Entscheidung

Rühm' große Last von Eisen sehr,
Mir gilt ein kleines Perllein mehr.

GERHARD TERSTEEGEN

····· Auf den Basaren in Buchara und Samarkand, in Chudschand und Lahore zeigte sich mir stets das gleiche Bild: Anders als auf unseren Marktplätzen gibt es keine Preisschilder. Wer den Preis der Ware erfahren will, muss den Händler fragen. Er wird einen Fantasiepreis nennen, denn er will, dass der Kunde mit ihm um die Ware feilscht. Der Teppichhändler fragt sogar: Wie viel ist dir dieser Teppich wert? Aus dieser Welt des Orients stammt das berühmte Perlengleichnis der Bibel. Es lautet: »Wiederum gleicht das Himmelreich einem Kaufmann, der gute Perlen suchte, und als er eine kostbare Perle fand, ging er hin und verkaufte alles, was er hatte, und kaufte sie.« (Matthäus 13,45f)

····· Manchmal stehen wir vor wichtigen Entscheidungen. Vielleicht denken wir über eine Trennung nach oder überlegen, den Beruf zu wechseln. Vielleicht wollen wir endlich ein lange überfälliges Gespräch führen. Um Entscheidungen treffen zu können, brauchen wir zwei wichtige Voraussetzungen: Wir müssen wissen, was wir wollen, und wir müssen uns entschließen, dieses Ziel auch wirklich anzugehen. Entscheidungen zu treffen ist manchmal unendlich schwierig. Denn immer ruft der Zweifel in der Seele. Er fragt: Ist der Preis nicht überteuert? Lohnt sich der Aufwand? Er sagt: Du schaffst es nicht, dich zu lösen. Du wirst nicht durchhalten. Das kleine Gleichnis zeigt dagegen einen Menschen mit bewundernswerter Entscheidungsfreudigkeit. Er sucht die eine kostbare Perle. Als er sie sieht, entscheidet er sich sofort für sie und gibt alles andere auf. Ein himmlisches Gefühl zieht nun in sein Herz ein. Er ist selig.

······ Der Kaufmann hat eine radikale Entscheidung getroffen. Was macht er nun mit der schönsten aller Perlen? Er hat sie nicht erworben, um damit Handel zu treiben. Er wird sie nicht wieder verkaufen. Er hat sich für sie entschieden. Sich entscheiden heißt, alles für den anderen zu geben. Jetzt ist er arm und reich zugleich. Er hat die eine Perle gefunden, um derentwillen es sich zu leben lohnt.

Mache dich auf und
suche die kostbare Perle.
Das ist dein Auftrag.
Du wirst sie finden.
Dann aber entscheide dich.

Blicke jetzt nicht zurück,
gib alles frei,
lass allen Zweifel los
und entscheide dich für
die Eine.

Jetzt ist deine Seele vom
Licht des Himmels
erleuchtet
und auf deinem Gesicht
ruht ein
beseligender Glanz.

...... Im Meer des Lebens liegen für jeden von uns wunderbare Perlen verborgen. Doch wann finden wir die kostbare Perle, die unserem Leben Sinn und einen himmlischen Glanz schenkt? Niemand kennt den Zeitpunkt. Aber er kommt gewiss. Die Perle ist der Himmel auf Erden. Ein kleines kostbares Geheimnis.

...... Wenn wir sie gefunden haben, ist unsere Entscheidung gefordert. Die Perle der Liebe, die Perle der Hoffnung, die Perle des Glaubens verlangt Entschiedenheit. Ein Ja oder ein Nein! Glücklich, wer diese Stunde der Berufung erkennt und ihrem Ruf folgt. Glücklich, wer einen lieben Menschen findet, der für ihn bestimmt ist. Für andere ist der Weg weit. Wie viele Perlen müssen sie erst loslassen, die keine echten Perlen waren? Äußere Besitztümer, Weggefährten aus Kindheitstagen, vielleicht auch Freunde, vielleicht sogar die eigenen Kinder, den Partner. Vor allen Dingen aber müssen wir uns selbst freigeben, das Loslassen lernen, um die eine Perle zu empfangen.

...... Das Perlengleichnis steht im Matthäusevangelium (13,45f.). Die Bibel spricht nicht häufig von der Perle. Das hat einen

guten Grund. Denn mit der Perle verbindet sie ein Geheimnis.
Geheimnisse vertrauen wir nur guten Freunden an. Sie sind
nicht für jedermanns Ohren bestimmt. Und Perlen soll man
nicht vor die Säue werfen, heißt es im Sprichwort, das Jesus
während seiner berühmten Bergpredigt benutzt (Matthäus 7,6):
»Ihr sollt das Heilige nicht den Hunden geben, und eure Perlen
sollt ihr nicht vor die Säue werfen, damit die sie nicht zertreten
mit ihren Füßen und sich umwenden und euch zerreißen.«
...... Die Perlen, von denen er spricht, heißen Sanftmut,
Gerechtigkeit, Barmherzigkeit, Reinheit des Herzens, Fried-
fertigkeit, Treue, Feindesliebe. Es sind die Perlen des inneren
Reichtums, der Schatz, der jedem Leben beseligenden Glanz
verleiht. Auf diesen Perlen der Menschlichkeit leuchtet der
Glanz einer neuen Welt. Die neue Welt der Liebe aber wächst
langsam wie die Perle in der Muschel. Menschen, die mit dem
dritten Auge, also der Seele, schauen, sehen sie schon jetzt
wachsen, andere brauchen noch Zeit, bis auch sie reif werden.
Deshalb muss das Geheimnis geschützt werden. Deshalb gehören diese Perlen nicht in unbefugte Hände, so wie man ein
kostbares Glas oder einen zerbrechlichen Gegenstand nicht in
Kinderhände gibt. Menschen, die noch auf dem Weg sind, Menschen, die das Geheimnis der eigenen Mitte noch nicht erfahren
haben, sollen nicht überfordert werden. Die Perlen der Menschlichkeit sind für alle Menschen bestimmt. Doch kommt es auf
den rechten Zeitpunkt an. Die Mystik unterscheidet zwischen
den Eingeweihten und den Nichteingeweihten, zwischen dem

Meister und dem Schüler. Sie weiß, dass der Weg zur Perle der
Wahrheit weit ist, und geht deshalb mit dem Geheimnis vorsichtig um. Nicht nur um das Geheimnis vor dem unbefugten
Blick zu schützen und es nicht durch vorzeitige Enthüllung zu
entweihen, sondern um dem Schüler nicht die eigene Erkenntnis
der Wahrheit zu zerstören. Das Wesen der Perle enthüllt sich
schrittweise. Deshalb wird der Meister seinen Schüler auch nur
zum rechten Zeitpunkt die Wahrheit schauen lassen.

Das Perlenlied
Vom Schicksal der Seele

Und meine Seele spannte weit ihre Flügel aus ...

JOSEPH VON EICHENDORFF

»Im Reich des Lichtes lebte einst ein Königssohn«, so beginnt ein altes orientalisches Märchen von der Seele. »Der Prinz war noch jung und wohnte am Hof seiner Eltern. Um ihn herum strahlte alles im tausendfachen Glanz der Edelsteine. Er trug ein langes Kleid, das mit vielen Edelsteinen besetzt war. Der Königssohn kannte nichts anderes als seine Heimat im Osten, bis ihm der König eines Tages vom Reich der Finsternis am anderen Ende der Welt erzählte. Dort wohne die alles verschlingende Schlange mit dem Namen Uroborus. Ihren Körper habe sie zu einem Kreis gewunden. In ihrer Mitte liege eine wunderschöne Perle. Die Schlange halte die Perle gefangen. ›Du aber mache dich auf‹, sagte der Vater, ›befreie die Perle, erlöse sie aus der Gefangenschaft, und führe sie zurück in ihre Heimat!‹ So legte der Sohn sein wunderschönes Gewand ab, damit er nicht sogleich als Bewohner des Lichtreiches erkannt werde, und machte sich auf den Weg in eine ferne, fremde Welt. Zwei Führer begleiteten ihn bis an die Grenze des Reiches der Finsternis. Der Königssohn eilte sofort zu der Höhle, in der die Schlange hauste und legte sich vor ihrem Eingang auf die Lauer. Hier wollte er warten, bis die Schlange eingeschlafen war, um dann die kostba-

re Perle aus der Gefangenschaft zu erlösen. Er wartete viele Tage
und Monate. Die Bewohner des Landes der Finsternis beob-
achteten den Fremden genau. Auch er spürte die Fremdheit. Er
dachte anders als sie, er fühlte anders. Wurde er gefragt, woher
er komme und was er in ihrem Land suche, erfand der Königssohn Ausreden. Er zog die landesübliche Tracht an, doch die
Menschen im Land der Finsternis ließen sich nicht täuschen.
Der Fremde blieb ihnen fremd. Doch im Laufe der Zeit passte
sich der Königssohn immer mehr ihren Sitten an. Schließlich
sah er nicht nur aus wie einer von ihnen, sondern aß auch ihre
Nahrung, trank ihre Getränke, dachte wie die Kinder der Finsternis und fühlte wie sie. Bald hatte er seine Eltern vergessen.
Die Erinnerung an seine Heimat war wie ausgelöscht. Ja, er hatte
sich selbst vergessen. Er wusste nicht mehr, dass er ein Königssohn war. Er war wie alle Bewohner des Reiches der Finsternis
und diente ihrem König. Sein Kopf war wie benebelt. Er war wie
berauscht. Seine Seele schien zu schlafen. Die innere Stimme war
verstummt. Das Ohr des Herzens war taub geworden. Die große
Nacht des Vergessens hatte Einzug gehalten. Er vergaß seine
Herkunft und seinen Auftrag. Er wusste nicht mehr, wie er ins
Land der Finsternis gekommen war. Er vergaß die Perle. Er vergaß sich selbst. Doch eines Tages erwachte er aus dem Schlaf der
Selbstvergessenheit. Und plötzlich war die Erinnerung wieder
da. Ein Brief des Vaters hatte ihn erreicht. In ihm stand zu lesen:
›Friede! Steh auf, werde nüchtern vom Schlaf und höre die Wor-
te des Briefes. Gedenke, dass du ein Königskind bist. Du bist

in Abhängigkeit geraten. Denke an dein goldbesticktes Kleid. Denke an die Perle, deretwegen du ins Reich der Finsternis gesandt worden bist.‹ Da erinnerte sich der Königssohn an seinen Auftrag und wusste wieder, dass er ein Königskind war. Mit Zaubersprüchen versenkte er den Uroborus in den Schlaf und befreite aus seiner Mitte die schöne Perle. Und es war ihm, als hätte er damit sich selbst befreit. Das schmutzige Kleid zog er aus und ging immer dem Licht nach der Heimat zu. Dort wurde ihm das Strahlenkleid gereicht. Auf ihm leuchteten die Goldfäden, die wertvollen Steine und wunderbaren Perlen. Da erwachte die Liebe und erfüllte das Herz. Er nahm das Kleid in Empfang und zog es vollständig über sich.«

······ Wer bin ich? Wo komme ich her? Wo gehe ich hin? So lauten die großen Fragen des Lebens. Das orientalische Märchen versucht eine Antwort zu geben. Es erzählt von der Perle und einem Königssohn. Die Perle ist ein Bild für die Seele. Sie lebt in der Fremde und wartet auf ihren Erlöser. Der Königssohn ist ein Bote aus der Heimat. Seine Aufgabe besteht darin, die Seele zu befreien. Doch der Erlöser verliert sich an die Welt. Er vergisst seinen höheren Auftrag und muss selbst erlöst werden.

······ Wer bin ich? Wo komme ich her? Wo gehe ich hin? Manchmal vergessen wir das Fragen. Dann wird unser Leben gewöhnlich. Wir staunen nicht mehr über den inneren Reichtum, wir verlieren die Achtsamkeit vor dem Geheimnis. Die Schlange umklammert uns. Wer bin ich? Die Antwort lautet dann: das genetische Produkt meiner Eltern. Wo komme ich her? Aus dem

Bauch meiner Mutter. Wo gehe ich hin? Ins Grab. So banal, so verloren an die sichtbare Welt kann das Leben sein. Dann werden die Muschelschalen zu einem Gefängnis der Seele.

······ Wie kann sie aus der Umklammerung befreit werden? Die Seele braucht einen Menschen, der zu ihr das erlösende Wort spricht: Erinnere dich, wer du wirklich bist. Finde dich nicht ab, bleibe nicht gewöhnlich. Wach auf aus dem Schlaf der Selbstvergessenheit. Erhebe dich von den Toten. Erinnere dich an das Licht in dir. In jeder Lebensphase haben wir die Chance, den inneren Reichtum unserer Seele neu zu entdecken. Dann strömen uns neue Antworten zu:

Wer war ich?
Ein Kind voll innerem Reichtum,
Lebenslust und Heiterkeit.

Wer bin ich geworden?
Eine Perle ohne Glanz,
gefangen in den Banden des Alltags.

Wo war ich?
Im Licht.
Wohinein bin ich geworfen?
In die Dunkelheit.
Wohin eile ich?
Immer nach Hause.

Wovon bin ich befreit?
Vom Schlaf der Selbstvergessenheit.

Was ist Geburt?
Eintauchen in das Wunder des Lebens.
Was Wiedergeburt?
Rückkehr in das Geheimnis.

Aus der Muschel geboren
Das Geheimnis der Liebesgöttin

Deine Wangen sind lieblich mit den Kettchen
und dein Hals mit den Perlenschnüren.

HOHESLIED 1,10

..... Geheimnisvoll wie die Muschel ist auch die Liebe. Wer könnte ihr Wesen ergründen? Wer könnte ihren inneren Reichtum benennen? Wer wüsste ihre dunklen Seiten zu ergründen? Die Liebe hat viele Seiten. Sie ist gütig und eifersüchtig, sie ist großzügig und selbstbezogen, sie ist weitherzig und eng. Die Muschel ist ein uraltes Symbol für die Liebesgöttin Venus. Weil die Liebe ein Geheimnis ist, so erzählen auch die alten Mythen ganz unterschiedliche Geschichten von der Geburt der Venus. Einmal ist die Liebesgöttin das reine jungfräuliche Wesen, das ohne geschlechtliche Zeugung in die Welt kam. Der Gott Zeus, so wird erzählt, habe einen Blitzstrahl ins Meer geschleudert. Auf dem Meeresboden habe eine Muschel ihre Schalen geöffnet, den Blitzstrahl in sich aufgenommen und aus ihm die Perle Venus gebildet. Andere führen den Ursprung der Liebe auf eine grauenhafte Tat zurück. Der Gott Saturn habe im Zorn seinen Vater Uranos entmannt. Das Geschlechtsteil des Gottes sei ins Meer gestürzt und aus dem Schaum sei die Göttin der Liebe entstanden. In dieser Erzähltradition wird Venus die Emporgetauchte oder »Anadyomene« genannt.

...... Der Mann an Venus' Seite heißt Vulkan (Hephaistos). Das Liebespaar Venus und Vulkan verkörpert die großen Gegensätze, aus denen das Leben besteht. Sie ist von reiner, schöner Gestalt, er dagegen hässlich und verkrüppelt. Sie wohnt in der hellen Welt des Lichtes, er im dunklen Erdinneren. Dort übt Vulkan den Beruf des Schmiedes aus. Diese schmutzige Arbeit gefällt der Liebesgöttin nicht. Sie wird dem grobschlächtigen Gatten untreu und begeht Ehebruch mit dem schönen Kriegsgott Mars (Ares). Trotz dieser und zahlreicher weiterer außerehelicher Liebesaffären galt Venus den Griechen als jungfräuliche Liebesgöttin. Durch ein Bad im Meer, so wurde erzählt, regenerierte sich ihr Hymen immer wieder.

...... Auf vielen bildlichen Darstellungen steht Venus in einer geöffneten Muschel. Sandro Botticelli (1445–1510) hat dieses Motiv in seinem berühmten Gemälde »Die Geburt der Venus« übernommen. Die Göttin der Liebe zeigt sich in unverhüllter Schönheit auf dem Rand einer Jakobsmuschel. Mit dem rechten Arm bedeckt sie ihre Brust, mit der linken Hand und ihrem langen goldblonden Haar ihre Scham. Botticellis Venus ist eine keusche Liebesgöttin. Der Hauch des Windgottes Zephir und seiner Geliebten Aura durchweht die Szene und treibt die Muschel an den Strand. Venus betritt die Welt. Mit ihr ist das Göttliche gegenwärtig und der Himmel auf die Erde gekommen. Sandro Botticellis keusche Liebesgöttin hält das schöne Haupt leicht zur Rechten geneigt. Ihr Gesicht ist von vollendetem Gleichmaß. Die grünen Augen unter der hohen Stirn und den geschwungenen Augenbrauen sind zwar geöffnet, sie blicken aber nicht in die äußerlich sichtbare Welt. Der Blick der Liebes-göttin richtet sich nach innen. In ihrem Blick liegt das Geheimnis ihres Ursprungs bewahrt. Die Muschel hat sich geöffnet und der Welt die Liebe geschenkt. Sie ist von vollendet schöner Gestalt.

...... Vom rechten Bildrand eilt ihr eine der drei Grazien entge-gen. Rosen und Myrten sind ihr Symbol. Sie reicht der Liebes-göttin einen Mantel. Die reine Gestalt der Göttin ist nur für einen Augenblick zu sehen. Zwischen den Schalen der Muschel gebildet, war sie den Augen der Welt verborgen, bald wird sie wieder verhüllt sein. Die nackte Wahrheit zeigt sich nur für ei-nen Moment. Sandro Botticelli hat diesen Augenblick im Bild festgehalten. Für einen Moment öffnet sich das Geheimnis der Muschel und lädt zur Versenkung in die schöne Gestalt der Liebe ein.

...... Im Geheimnis der Muschel liegt die Perle der Liebe ver-borgen. Sie ist helfende Liebe, Fürsorglichkeit, Zärtlichkeit, geschlechtliche Vereinigung, Gottesliebe und Nächstenliebe – sie ist, was wir sind.

Wo kommst du her?
Von der Liebe.
Wo gehst du hin?
Zu der Liebe.
Wo hältst du dich auf?

In der Liebe.

Engelsflügel
Von der Geborgenheit

In wie viel Not
hat nicht der gnädige Gott
über dir Flügel gebreitet!

JOACHIM NEANDER

...... Ich war mit meinen Kindern oft am Meer. Ring of Kerry, Connemara, die Bretagne, Cornwall, die Algarve, Holland und Jütland – diese Orte wurden in ihnen zur Seelenlandschaft. Einen Sommer verbrachte ich mit den Kindern auf der Ostseeinsel Bornholm. Mich zog es auf die Insel, weil einer meiner Lieblingsautoren hier gelebt hatte. Hanns Henny Jahnn schrieb auf Bornholm seinen gewaltigen Roman »Fluss ohne Ufer«.

...... Die Überfahrt bei starkem Seegang hatte den Kleinen keine Probleme bereitet. Sie lagen in ihren Kojen geborgen wie in einem Schneckenhaus. Im Garten unseres Ferienhauses standen grüne Stauden mit großen Blättern. Hannah spielte mit ihnen. Am nächsten Tag hatte sie an Armen und Beinen große wassergefüllte Blasen. Ihre Haut hatte auf das giftige Herkuleskraut allergisch reagiert. Johannes hatte sich eine Infektion geholt und bekam hohes Fieber. Jaakob war noch im Krabbelalter. Am Strand wühlte er im Sand und fand eine Zigarettenkippe, die er sich in den Mund steckte. Familienurlaub am Strand! Merkwürdig, wie leicht alles im Rückblick wird. Was bleibt und im Nachglanz noch leuchtet, sind die beflügelnden Momente.

······ Die Kinder graben mit bloßen Händen im Sand. Die letzten Ausläufer der Wellen umspielen ihre Füße. Manchmal blickt eines hinüber zum Strandkorb, wo ich sitze und auf das weite Meer blicke. Meine Anwesenheit gibt den Kindern ein Gefühl der Geborgenheit. Ohne dieses Urvertrauen könnten sie nicht die Welt erkunden, alleine Muscheln sammeln, fremde Kinder ansprechen, neue Stimmen aufmerksam hören, den Sand schmecken, den schwarzen Pudel anfassen. Unsere Sinne entfalten sich nur, wenn sich unsere Seele geborgen weiß, weil sie in Gefahren einen Ort der Zuflucht hat. Die kleinen Enten schwimmen hinter der Mutter her, die Küken suchen Zuflucht unter den Flügeln der Henne, die jungen Füchse verkriechen sich mit der Fähe im Bau. Bald strecken sie wieder neugierig ihre Nasen heraus.

······ Johannes erhebt sich vom Sand und läuft auf mich zu. In der Hand hält er eine kleine weiße Muschel mit dünner langgezogener Schale. »Schau!«, ruft er begeistert, »ein Engelsflügel!« Engelsflügel sind weiß, zart und zerbrechlich. In einem mit Wasser gefüllten Eimer reinige ich die Muschel vorsichtig vom Sand. Sie gleicht wirklich den Schwingen eines Engels. Daher trägt die Muschel ihren Namen zu recht. In der Wissenschaft wird sie Cyrtopleura costata genannt, ihre Schalen können bis zu 20 Zentimeter groß werden. Selten findet man am Strand ein Paar, an dem beide Schalen rein erhalten sind. Wer ein vollständiges Paar finden möchte, der muss sich auf einen langen Weg begeben.

⋯⋯ Geheimnisvoll wie diese Muschel sind auch die Engel, die über uns ihre Flügel breiten. Was lebt und atmet, ist Gefahren ausgesetzt. Deshalb braucht alles Lebendige Orte der Zuflucht. Gut, wenn Vater und Mutter, Freund und Nachbar erreichbar sind. Aber der Mensch lebt nicht nur von der Erde, er weiß auch von der unsichtbaren Welt. Aus ihr kommen die Engel, Boten Gottes. Von der Kindheit bis ins hohe Alter sind sie uns als Begleiter zur Seite gestellt. Wir leben unter ihren Flügeln geborgen – auch wenn wir es nicht immer wissen oder spüren. Die Stimme des Gewissens, der treue Blick des Tieres, die plötzliche Begegnung, Momente der Freude, der neue Blick auf längst Vertrautes – in uns, über uns und neben uns erklingt das Wort des Engels. Noch mehr aber haben Menschen die Stimme des Engels in gefährlichen Situationen, Momenten der Angst und des Schmerzes vernommen. Engel malen keine heile Welt, sondern zeigen als Boten Gottes das Heil über der Welt. Dafür öffnen sie uns die Augen der Seele. Der Engelsflügel in meiner Hand ist sichtbar. Die Flügel des Engels sind für die leiblichen Augen unsichtbar. »Einen Engel erkennt man erst, wenn er vorübergegangen ist«, lautet ein jüdisches Sprichwort. Die Muschel in meiner Hand sagt:

Lausche dem Flügelschlag der Himmlischen.
Spüre ihm nach!
Erinnere dich an deine Kindheit,
an Weggefährten,
an große und kleine Liebeserfahrungen.
Leuchtete in ihnen nicht auch
die Spur deines Seelenbegleiters auf?
In wie viel Not
hat er nicht über dir Flügel gebreitet!
Unter dem Schatten seiner Flügel
wirst du immer Zuflucht haben.

Vater und Mutter
Vom Geheimnis

> Die Geheimnisse der Lebenspfade
> darf und kann man nicht offenbaren.
>
> JOHANN WOLFGANG VON GOETHE

..... Wie viel Zeit muss vergehen, bis das Kind den Vater versteht! Der Vater war geheimnisvoll wie die Muscheln, die er sammelte. In Dangast am Jadebusen war er mit uns Kindern auf einen hohen Muschelberg geklettert. Sie lagen hier aufgeschüttet, um zu feinem Kalk zermahlen zu werden. Der Vater sammelte nicht systematisch. Was Muscheln betrifft, war er ein Glückskind. Ihm stach sofort ins Auge, wonach andere ein Leben lang suchten. So entdeckte er unter den Millionen Exemplaren des Muschelberges eine Herzmuschel (Plagiocardum setosum) von ungewöhnlicher Größe. Als er in Kalifornien am Strand spazieren ging, fand er sogleich zwei wunderbare Abalones. Im Keller hatte sich der Vater eine kleine Wunderkammer eingerichtet. Dort lagen die Muscheln auf Holzregalen. In den Schubladen befand sich die Sammlung mit Sanden von den entferntesten Küsten der Welt.

..... Der Vater übte den Beruf des Fernmeldetechnikers aus. Doch über die Arbeit sprach er nicht. Einmal besuchte ich ihn an der Arbeitsstätte. In meiner Erinnerung gehe ich durch einen Bunker mit langen Gängen, die bis unter die Decke mit

Kabeln, Steckern und Apparaten vollgestopft sind. Wahr-
scheinlich hätte heute die ganze Anlage auf einem winzigen
Mikrochip Platz. Zwischen den Kabeln und Leitungen stand
ein Feldbett. Hier schlief der Vater, wenn er Nachtdienst hatte.
War er in den Nächten einsam? Träumte er von einem anderen
Leben? Was er dachte, was er fühlte, blieb sein Geheimnis. Wir
erfuhren auch nie etwas über seine Kindheit oder die Flucht
in den Westen. Die Mutter dagegen teilte mit uns ihren inneren Reichtum. Sie sprach viel von der Kurischen Nehrung,
einer Landzunge nördlich ihrer Heimatstadt Königsberg, die
Ostsee und Haff teilt. In dem kleinen Fischerdorf Schwarzort
hatte sie regelmäßig die Sommerferien verbracht. Hier wohnte
meine Urgroßmutter. Und doch, so viel sie auch von Kiefern-
wäldern, Dünen, Bernstein, Kurenkähnen und Elchen erzählte,
so oft sie mit uns die alten Lieder sang – jener ferne Land-
strich wurde immer geheimnisvoller.

······ Durch Vater und Mutter habe ich erfahren, dass Reden
und Schweigen nur zwei Seiten eines Geheimnisses sind.
Was aber ist ein Geheimnis? Ich blättere in den Wörterbü-
chern und lese:

Geheimnis:
Keine Geheimnisse voreinander haben,
Geheimnisse lüften,
Geheimnisse anvertrauen,
Geheimnisse für sich behalten,

offene Geheimnisse,
das Geheimnis mit ins Grab nehmen,
in Geheimnisse einweihen,
Geheimnisse preisgeben,
süße Geheimnisse,
schreckliche Geheimnisse.

Geheimnisvoll:
voller Geheimnisse,
nicht zu durchschauen,
mysteriös,
unerklärlich.

..... Martin Luther (1483–1546) schenkte der deutschen Sprache das Wort »Geheimnis«. So verdeutschte er das griechische »mysterion«, als er an seiner Übersetzung des Hohenliedes der Liebe arbeitete. Darin wird über das Geheimnis gesagt: »Und wenn ich prophetisch reden könnte und wüsste alle Geheimnisse und alle Erkenntnis und hätte allen Glauben, sodass ich Berge versetzen könnte, und hätte die Liebe nicht, so wäre ich nichts.« (1. Korinther 13,2)

..... Was ist also ein Geheimnis? Wir spüren seine Gegenwart an unserer Reaktion. Die Begegnung mit dem Geheimnis bewegt uns immer zutiefst. Sie trifft uns im Innersten. Sie kann unsere Seele mit ruhiger Andacht erfüllen, unser Gemüt beruhigen,

Momente tiefer Ruhe und Geborgenheit schenken. Sie kann uns beseligende Momente schenken, uns erschüttern, in Rausch, Ekstase und Verzückung versetzen, ein Gefühl von Ehrfurcht erwecken, von Staunen und Bewunderung, aber auch von Grauen und Schauder. Geheimnisse lassen uns niemals kalt. Sie halten uns in Bewegung. Deshalb wollen wir sie mit anderen Menschen teilen. Ob im Wort oder Schweigen, darauf kommt es nicht an. Im Geheimnis werden die Gegensätze aufgehoben.

····· Geheimnisse brauchen einen geschützten Ort. Daran will uns das Muschelhaus erinnern. Das griechische Wort für Geheimnis lautet »mysterion«. Im Lateinischen heißt es »mysterium«. Die alte Welt der Griechen und Römer kannte viele Mysterienkulte. Zu den bekanntesten zählt die Verehrung der Fruchtbarkeitsgöttin Demeter und ihrer Tochter Kore in Eleusis. In den eleusinischen Mysterien wurde das Geheimnis von Tod und Auferstehung gefeiert. Doch nicht jeder war zu den Feiern zugelassen. Um an den Mysterien teilzunehmen, musste man einen langen Prozess der Einweihung beschreiten. Geheimnisse wollen den inneren Reichtum vor unbefugten Blicken schützen.

····· Was ist nun das Geheimnis der Muschel? Das sagt sich nicht in einem Satz. Könnten wir es in Worte fassen, so wäre es kein Geheimnis mehr. Geheimnisse wollen betrachtet, meditiert, gemalt, besungen und getanzt werden. Geheimnisse sind unergründlich. Deshalb halten sie uns in Bewegung.

Du bist!
Nicht des Ohres Hören und des Auges Licht
Kann dich erreichen.
Kein Wie, Warum und Wo
Haftet an dir als Zeichen.
Du bist!
Dein Geheimnis ist verborgen:
Wer mag es ergründen! So tief, so tief –
Wer kann es finden!

...... Ist da von Gott die Rede oder vom inneren Reichtum eines Menschen? Wer will hier unterscheiden? Im Geheimnis verschwimmen die Grenzen zwischen Gott und Mensch, Frau und Mann, oben und unten, Bewusstem und Unbewusstem. Deshalb erfüllt uns die Begegnung mit Staunen, Nachdenklichkeit und immer neu entfachter Leidenschaft. Solange wir im Geheimnis bleiben, sind wir uns fern und nah zugleich, fremd und vertraut. Solange wir im Geheimnis bleiben, sind wir auf dem Weg zueinander. Mögen wir doch immer wieder neu vom geheimnisvollen inneren Reichtum ergriffen werden! Mögen wir einander nie gewöhnlich werden. Mit wie viel Achtsamkeit und Ehrfurcht würden wir miteinander umgehen.

Geheimnisvoll wie die Muschel ist das Lächeln.
Es steigt aus der Tiefe,
tritt ans Licht,
schenkt dir Zuversicht und sagt:
Komm heim.

Geheimnisvoll wie die Muschel ist die Stille.
Sie steigt aus der Mitte,
berührt dein Ohr,
wird Klang und singt:
Finde heim.

Geheimnisvoll wie die Muschel ist die Seele.
Aus der innersten Kammer
erklingt ihr Gesang
heimlich und vertraut:
Geh heim.

Das Muschelhorn
Urbild der Kontemplation

> Mein Herz ist der Muschel gleich,
> die Perle: des Freundes Bild.
> Ich passe nicht mehr in mich –
> er füllt ganz das Herz mir aus.
>
> DSCHELALADDIN RUMI

····· Muschelhorn, Pilgerstab und Rosenkranz sind die einzigen Besitztümer der japanischen Bergasketen. Ihre Heimat gilt als das Land der heiligen Berge. Viele Gräber, auch aus der kaiserlichen Familie, sind auf Bergen angelegt. Auf dem Gipfel steht der »Schrein auf der Spitze des Berges« und am Fuß der »Schrein am Fuße des Berges«. Sie wurden zur Verehrung der Geister der Ahnen errichtet. Die Bergasketen werden Yamabushi genannt und sind spirituelle Führer. Sie begleiten die Pilger auf der Wallfahrt zu den heiligen Schreinen ihrer Ahnen. Jeder Yamabushi trägt ein Muschelhorn bei sich, das aus einer Muschelschnecke gefertigt ist.

····· Wer sich auf den Weg zu den Ahnen begibt, hat immer ein konkretes Anliegen. So bittet er um Glück in der Ehe, Erfolg im Beruf, Heilung von Krankheit oder Vergebung von Schuld. Was den Pilger im Herzen bewegt, spricht er in einem Gebet oder einer Bitte aus. Diese Gebete werden auf kleine Zettel geschrieben und an die heiligen Bäume geheftet, die um jeden Schrein herum stehen. Sie dienen nicht nur den Toten, sondern auch den Lebenden. Denn beider Schicksal ist nach japanischem Glauben untrennbar miteinander verwoben. Der Yamabushi ist daher für die Lebenden und die Toten ein Seelenführer. Er hilft nicht nur, den Kontakt zu den Ahnen herzustellen, er ist auch ein Heiler, Exorzist und Wundertäter.

······ Zu den berühmten heiligen Bergen Japans gehört der erloschene Vulkan Mount Iwaki. Auf seiner Spitze leben Asketinnen. Sie können sich mit Hilfe des Gebetes in einen Trancezustand versetzen und Kranke heilen. Der wichtigste Ort des Gebetes aber ist der Schrein der Sonnengöttin Ise. Zu ihm steigen die Fischer hinauf und opfern der Sonnengöttin Muscheln.

······ Muscheln sind Urbilder der Versenkung in den Innenraum der Seele. Dieser geheimnisvolle Bezirk ist das Ziel der Pilgerschaft. Der Weg geht also nach innen, aber wir können ihn nur gehen, indem wir die Welt erkunden. Das klingt paradox. Doch im Geheimnis fallen Innen- und Außenwelt zusammen. Wenn der Pilgerführer mit Muschelhorn und Rosenkranz den heiligen Berg besteigt, dann bewegen sich nicht nur seine Füße. Der ganze Mensch mit Leib und Seele gerät in Bewegung. Das Ziel ist nicht nur der Schrein auf dem Berg, sondern zugleich der Schrein des Herzens. So ist der Weg auf den heiligen Berg ein äußerlich sichtbares Zeichen der unsichtbaren inneren Pilgerreise zur Mitte. Warum aber trägt

der Yamabushi auf seiner spirituellen Reise ein Muschelhorn?
...... Die Spirale des Muschelhorns deutet eine geheimnisvolle
doppelte Bewegung an. Von der Mitte ausgehend bewegt sie
sich nach außen und von außen wieder nach innen auf die Mitte
zu. So entsteht ein meditatives Bild, das Fragen aufwirft und zur
Betrachtung einlädt. Wie die Spirale, so führt auch das Gebet
von Windung zu Windung immer tiefer in den innersten Raum
der Seele. Der innerste Raum ist aber zugleich der Ort der Um-
kehr. Die Bewegung führt wieder nach außen. Das Gebet wird
zur Mitteilung. Das Muschelhorn ist eine Ermunterung zum
kontemplativen Gebet:

Gehe den Weg zur Mitte,
gehe in dich,
langsam und bewusst.
Erfahre den Innenraum deiner Seele,
betrachte deinen inneren Reichtum,
spüre ihm in jeder Faser deines Wesens nach.
Gehe tiefer und tiefer in dich,
bis du vor der letzten Kammer deiner Seele stehst.
Dann tritt ein und staune.

...... Was aber geschieht, wenn wir die Mitte gefunden haben?
Wir können nicht auf Dauer in der Mitte bleiben. Wir wollen
uns mitteilen und das Geheimnis der Mitte teilen.

Gehe den Weg aus der Mitte,
gehe aus dir heraus
ins Leben zurück.
Teile den inneren Reichtum deiner Seele,
setze das Muschelhorn an deine Lippen,
lasse den Atem aus deiner Mitte hindurchströmen
und werde Klang.

..... Der innere Reichtum bleibt dem äußeren Blick verborgen.
Unsere Augen haben keinen Einblick in den Prozess des Wer-
dens hinter den Muschelschalen. So leben wir im Geheimnis.
Wie wenig kennen wir uns selbst! Doch noch weniger wissen
wir, was in anderen Menschen vorgeht. Wir sehen immer nur
die Schale, nicht den Kern. Das Wesentliche ist unsichtbar.
So verkennen wir uns immer wieder, weil uns der Durchblick
verwehrt ist. Noch mehr verkennen wir andere Menschen. Wir
sehen nicht ihren inneren Reichtum. Wie viele Perlen entgehen
dadurch unserer Achtsamkeit!

..... Doch gibt es ein drittes Auge. Das Auge der Seele blickt
durch die Muschelschalen in die geheimnisvolle innere Welt.
Es erkennt den inneren Reichtum. Es sieht die schöne Perle
wachsen. Und es lernt von der Muschel. Denn ihre Perlen sind
eine Frucht der Geduld, der Langmut, des Ausharrens und des
stillen Verweilens.

..... Die stille innere Betrachtung wird Kontemplation genannt.
Kontemplation heißt Versenkung in den Ozean der Seele,

Eintauchen in den Urgrund des Seins. In der Kontemplation
lernen wir das Sehen mit den inneren Augen und das Hören mit
den inneren Ohren.

Es rast in mir, ich kann nicht hören,
so viele Stimmen reden da:
Welche ist wichtig,
welche ist nichtig?

Die Muschel sagt:
Schweige und kehre in dich ein,
da ist seine Stimme nah!

...... Muscheln sind Meister der Versenkung. Die Muschel sitzt
im Verborgenen an einem festen Ort. Sie lässt sich vom Wechsel
der Gezeiten nicht aus der Ruhe bringen. Bilder kommen und
gehen: Schiffe, die den Hafen verlassen und in See stechen.
Fröhliches Lachen der Kinder, die mit ihren Eltern glückliche
Sommerurlaube verbringen. Die schwere Arbeit der Seeleute.
Die Muschel klammert sich an kein Bild. Sie betrachtet es und
gibt es wieder frei. Die Schönheit der Algen und der Wasser-
pflanzen, die Seesterne und das Heer der Fische, bunte Kiesel
und die Korallenriffe. Wie unscheinbar sitzt die Muschel inmitten dieser bunten Welt. Ruhig lauschend, schauend, still be-
trachtend. Ihr Auftrag ist Staunen und Bezeugen. Die Muschel
ist still, so still, dass sie hört, wie die Dinge reden. Sie hört das

Wasser, die Pflanzen und die Steine. Sie sieht den Glanz der
Sonne. Sie riecht den Duft des Meeres. All das verwandelt sie in
ein inneres Bild, die Perle.

····· Wir können in der Kontemplation spüren, wie sich in uns
Perlen bilden. Eine Energie wird plötzlich, unerwartet und mit
Macht erfahrbar. Wir spüren die Strahlung unmittelbar. Wir
brauchen Muschelhäuser, um Perlen des inneren Reichtums
bilden zu können. Muschelhäuser sind Kraftorte für die Seele. In ihnen leuchtet die Tiefe des Seins auf und eine andere
Wirklichkeit wird erfahrbar. Der evangelische Theologe und
Religionswissenschaftler Rudolf Otto nannte diesen Moment
der Berührung mit dem Heiligen das »mysterium tremendum et
fascinosum«, ein Geheimnis, das die Seele mit Erschaudern und
Ehrfurcht erfüllt.

····· Wie die Muschel, so ist auch die Höhle ein Urbild der
Kontemplation. Beide stehen für das große Geheimnis von Tod
und Auferstehung. Abraham kaufte sich eine Grabeshöhle in
Machpela bei Hebron. Hier liegen nach jüdischem Glauben
Abraham, Sara, Jaakob, Lea, Rebekka und Isaak begraben. In
Jerusalem verehren orthodoxe Christen die Geburtshöhle Jesu.
Auf der griechischen Insel Patmos findet sich die heilige Höhle,
in der Johannes von einem Engel das Buch der Offenbarung
empfangen hat. In der Höhle von Hira wurde Mohammed vom
Engel Gabriel der Koran übermittelt und auf der Insel Tinos,
dem größten Wallfahrtsort Griechenlands, ist in einer Höhle
die wundertätige Ikone mit dem Bild Marias zu sehen, die der

Evangelist Lukas gemalt haben soll. Muschel und Höhle sind auch Bilder für den Uterus.

...... Wie im Mutterleib, so können wir auch in der Mitte auf Dauer nicht bleiben. Die Erfahrung des Heiligen geschieht nur im Augenblick. Wir können sie nicht festhalten. Sie ist nicht unser Besitz. Wir müssen die Muschel der Kontemplation verlassen und ins Leben zurückkehren. Doch wie der Pilger mit Devotionalien nach Hause kommt, so kehren auch wir nicht mit leeren Händen in den Alltag zurück. Der Glanz der Perle leuchtet in unserem Herzen. Am heiligen Ort ist uns ein Licht aufgegangen. Wir sind »erleuchtet«. Das Dunkle hat sich von unserer Seele gelöst. Wir fühlen uns erlöst und wie neu geboren. Jetzt leuchtet sogar aus unserem Gesicht der schlichte, klare Glanz der Perle. Wir spüren: Unser Leben hat sich gerundet. Wir tragen den inneren Reichtum in die Welt.

Beseeltes Leben
Von den Tieren

Lobet den Herrn auf Erden,
ihr großen Fische und alle Tiefen des Meeres!

PSALM 148,7

····· Geheimnisvoll wie die Muschel ist alles Lebendige. Keines unserer Haustiere glich dem anderen. Die Wellensittiche Flöckchen und Jojo, die Kaninchen Mari, Babsi, Lilli, Martha, Vincent und viele andere, deren Namen in unserer Familienchronik geschrieben sind. Jedes hatte eine eigene Gestalt, eine unverkennbare Färbung des Fells oder Gefieders, einen eigenen Charakter, ja, ich scheue mich nicht zu sagen, eine Seele. Jedes Haustier lehrte mich auf seine Weise das Staunen über den inneren Reichtum. Wir teilen ihn mit den Tieren. Vielleicht sogar mit den Pflanzen. Wer weiß? Die asiatischen Religionen lehren die Wiedergeburt oder Reinkarnation. Ein Mensch kann im nächsten Leben als Muschel wiedergeboren werden und eine Muschel inkarniert sich nach ihrem Tod als Mensch. In den alten Lobliedern des Judentums werden Fische, Muscheln und alle weiteren Meeresbewohner zum Gotteslob ermuntert. Das wäre sinnlos, wenn sie nicht eine Mitte, ein Zentrum der Empfindsamkeit hätten. Tiere haben eine Seele. Daran lassen auch die christlichen Lieder keinen Zweifel. So dichtet Clemens von Brentano (1778–1842), und so steht es im Evangelischen Gesangbuch:

»Die Fischlein, die da schwimmen,
sind, Herr, vor dir nicht stumm,
du hörest ihre Stimmen,
ohn dich kommt keines um.
Zu dir, zu dir
ruft Mensch und Tier.
Der Vogel dir singt.
Das Fischlein dir springt.
Die Biene dir summt.
Der Käfer dir brummt.
Auch pfeifet dir das Mäuselein:
Herr Gott, du sollst gelobet sein.«
(EG 509.3)

...... Tiere sind aus den Religionen der Welt nicht wegzudenken. Der Sufi verehrt die Katze, der alte Ägypter den Stier. Der japanische Priester bläst das Muschelhorn. Die Kuh ist dem Hindu heilig, der Büffel dem Indianer. Wakan-tanka heißt der große Geist der Ureinwohner Nordamerikas. Jeder Teil dieser Erde ist ihnen heilig, wakan. Mohammed reitet auf seinem Pferd Buraq in den Himmel, Jesus sitzt bei seinem Einzug nach Jerusalem auf dem Rücken einer Eselin. Der Schamane verehrt den heiligen Elch, der Buddhist glaubt an die Möglichkeit der Wiedergeburt in Gestalt einer Ziege oder eines Widders.
...... Eine buddhistische Erzählung (Jataka) erzählt von einem Opferpriester. Ihm wird ein Tier zugeführt. Zuerst lacht, dann

weint es beim Anblick des Priesters. Zur Rede gestellt und nach dem Grund seiner merkwürdigen Reaktion gefragt, antwortet der Widder, auch er sei in einem seiner Vorleben ein für den traurigen Blick des Opfertieres unempfänglicher Priester gewesen. »Ich sah nicht, dass er es genauso gut haben wollte wie ich, dass er leben wollte wie ich, dass darin gar kein Unterschied war zwischen Widder und Priester. Deshalb habe ich seither in 499 Leben – genauso wie ich es damals erwirkt hatte – erleben müssen, dass mir als Widder das Haupt gespalten wurde.« Jetzt werde er zum letzten Mal geschlachtet werden, dann sei seine Strafe abgebüßt.

⋯⋯ Adam und Eva leben mit den Tieren im Paradies. In Gottes Auftrag fährt Noah mit seiner Arche ausgewählte Tierpaare über die große Wasserflut. Jona wird von einem Walfisch gerettet. Die Löwen greifen Daniel nicht an, weil ihnen ein Engel den Rachen zuhält. Vom Tier als Freund und Lebensbegleiter des Menschen erzählt das Buch Tobit. Der junge Tobias begibt sich auf die Reise. Zu seinen Weggefährten gehörten der Engel Raphael und ein kleiner Hund. Religiöse Sprache bedient sich einer vielfarbigen Bilderwelt, zu der auch die Tiere zählen. Das goldene Kalb, die Schlange und der Drache symbolisieren gegengöttliche Mächte. Stier, Löwe und Adler werden zu Evangelistensymbolen. Das Symbol Christi sind Lamm, Einhorn und Pelikan, die Taube deutet auf den Heiligen Geist. In der hebräischen Liebespoesie des Hohenliedes wird der Geliebte mit einer Gazelle und

einem jungen Hirsch verglichen, die Augen der Geliebten
aber mit Taubenaugen.

····· Das Biologiebuch des Mittelalters, der Physiologus, lehrt
seine Leser die Kunst der doppelten Optik: Ein Tier ist ein Tier
und zugleich ein geheimer Hinweis auf die unsichtbare Welt
hinter dem Schleier der Wirklichkeit. Elefant und Turteltauben
gelten hier als Symbole der Keuschheit, der Salamander steht für
das Feuer der Liebe, Christus ist der Löwe. In der islamischen
Mystik wird die Ergriffenheit der Seele von Allahs Liebe mit
Gleichnissen aus dem Tierreich veranschaulicht. »Der Elefant,
der gestern im Traume Indien sah, sprang aus der Fessel – wer
hat, ihn festzuhalten, Macht?« (Rumi) Auch von den besonde-
ren Kräften der Tiere wissen die Religionen. Bileam reitet auf
einer Eselin, da stellt sich ihm ein Engel mit Schwert in den
Weg. Die Eselin sieht den Engel und bleibt stehen. Der Mensch
aber ist blind für die Erscheinung aus Gottes Himmel.

····· Menschliches Leben ohne Tiere können sich die jüdischen
Erzähler nicht vorstellen. Selbst das Friedensreich des Messias
ist nach den Visionen des Propheten Jesaja von Tieren bevölkert.
»Da werden die Wölfe bei den Lämmern wohnen und die Panther
bei den Böcken lagern. Ein kleiner Knabe wird Kälber und junge
Löwen und Mastvieh miteinander treiben. Kühe und Bären werden zusammen weiden, dass ihre Jungen beieinander liegen, und
Löwen werden Stroh fressen wie die Rinder. Und ein Säugling
wird spielen am Loch der Otter, und ein entwöhntes Kind wird
seine Hand stecken in die Höhle der Natter.« (Jesaja 11.6–8)

⸱⸱⸱⸱ Schwester Lerche und Bruder Wolf – sie alle sollten Gottes Wort hören, damit die ganze Schöpfung zu ihrem himmlischen Vater zurückfinde. Das war die Überzeugung des heiligen Franz von Assisi. In seiner berühmten Vogelpredigt spricht er: »Vögel, ihr meine lieben Geschwister, sehr verbunden seid ihr Gott, eurem Schöpfer, und sollt immer und allerorts sein Lob singen!« Als Zeichen, dass sie die Ermutigung verstanden hatten, öffneten die Vögel ihre Schnäbel, reckten die Hälse, schlugen die Flügel und neigten ihre Häupter. Dann segnete sie der Heilige mit dem Zeichen des Kreuzes. Sie erhoben sich, entschwanden in den Lüften und zeichneten dabei das Kreuz an den Himmel. Auch in der berühmten Begegnung des Heiligen mit dem Wolf von Agobio schwingt Himmlisches mit. Mensch und Tier stehen sich vor den Toren der Stadt Agobio feindlich gegenüber, bis Franz den Himmel auf Erden bringt. Er versöhnt die Parteien. Mensch und Wolf schließen Frieden. Antonius von Padua, ein Weggefährte des heiligen Franz, hält sogar den Fischen eine Predigt. Sie kommen nach Größe geordnet ans Ufer geschwommen, als der fröhliche Gottesmann seine Stimme erhebt: »Höret Gottes Wort, ihr Fische des Meeres und ihr Fische des Flusses!«

⸱⸱⸱⸱ Tiere lehren uns das Staunen. Ich bin überzeugt, dass jeder, der ein Haustier besitzt oder auch nur die Tiere in der freien Natur beobachtet, von Momenten des Staunens erzählen kann. Die Freundin meines ältesten Sohnes besitzt eine Katze. Die junge Frau besucht eine Universität. Die Vorlesungen finden zu unterschiedlichen Zeiten statt. Dennoch spürt die Katze jedes

Mal, dass sie in den nächsten Minuten heimkommt. Ich staune und frage mich: Wie ist das möglich? Auch Toddy, unser Hund, weiß genau, wann ich mit ihm in den Wald gehe. Mal ist es früh am Morgen, mal am späten Nachmittag. Er kann sich nicht auf einen regelmäßigen Zeitpunkt verlassen. Ich sitze am Schreibtisch und Toddy liegt neben mir. Mehrfach stehe ich auf, um nach der Post zu schauen, einen Tee zu kochen oder etwas anderes zu erledigen. Immer bleibt der Hund ruhig liegen. Dann entschließe ich mich zu einem Spaziergang und Toddy springt mit dem ganzen Körper vor Freude bebend auf. Aus seinen großen braunen Augen leuchtet ein beseelter Glanz. Ich staune und frage mich: Woher weiß er, dass es nun nach draußen geht? Kann er in mich hineinschauen? Besitzt er einen sechsten Sinn? Ist es die Kraft der Intuition? Wenn ich vom Staunen über den inneren Reichtum spreche, dann denke ich auch an die geheimnisvolle Welt der Tiere. Bleibt etwas von ihrem inneren Reichtum, wenn sie wie das Muscheltier ihre irdische Hülle verlassen haben?

······ Jeder Mensch, der ein Haustier hat, wird eines Tages mit dieser Frage konfrontiert. Zu jedem Haus, das wir bewohnten, gehört auch ein kleines Gräberfeld. Viele Jahre wohnten wir in einem alten niedersächsischen Fachwerkbauernhaus. Hier wuchsen meine drei Kinder auf, hier machten sie ihre ersten Todeserfahrungen: Auf dem Lahweg vor unserem Haus ist die schwarze Katze von einem Auto überfahren worden. Hannah hat sie im Garten beerdigt, ihren Namen auf einen Feldstein geschrieben und über dem blumengeschmückten Grab ein Holzkreuz errichtet. Daran hängt jetzt das Glöckchen, das Minka um den Hals getragen hat. Zum Andenken an das Kätzchen hat sie ein Bild gemalt. Vor dem blauen Hintergrund des Himmels ist ein weinender Engel zu sehen. In seinen ausgestreckten Händen hält er das schwarze Kätzchen. Blut tropft aus der Kopfwunde. Die Flügel des Engels bestehen aus gelben Federn mit weißgrauen Einsprengseln. Hannah hat sie während der Mauser ihres Wellensittichs gesammelt. »Ich glaube, dass die Tiere in den Himmel kommen«, antwortet sie auf meine Frage. »In den Sommerferien ist mein Vogel gestorben. Jetzt schaut er auf mich herab oder spielt mit den anderen Tieren im Himmel, zum Beispiel mit dem ebenfalls verstorbenen Vogel meiner Freundin Tanja. Früher auf der Erde kannten sich die beiden Tiere noch nicht. Aber im Himmel kennt jeder jeden. Außerdem, wenn die Tiere nicht in den Himmel kommen würden, wäre es den Engeln langweilig und der Himmel, der Boden und das Wasser wären nicht bunt. Ohne Tiere wäre alles langweilig, und deshalb müssen die Tiere auch in den Himmel.«

⋯⋯ Haben Tiere eine unsterbliche Seele? Kommen alle in den Himmel? Nicht nur Haustiere, sondern auch die Millionen mal Millionen Muscheln und Schnecken, deren leere Schalen und Gehäuse unsere Sinne erfreuen? Die Muschel ist ein Tier, nicht nur ein Symbol. Mit den Schnecken zusammen gehört sie zu den schalentragenden Weichtieren, den Conchifera, mit

129 000 Arten. Dieser Artenreichtum wird nur noch von den
Gliederfüßlern (Arthropoda) übertroffen. Wie sähe dieser
Tierhimmel aus? Wie groß müsste er sein, damit alle Platz
darin finden?

Die bittersüße Riesenvenusmuschel,
die blaue Miesmuschel,
die Kanalmiesmuschel,
die weiße Hammermuschel,
die grobe Steckmuschel,
die europäische Auster,
die Tigerkammmuschel,
die Löwenklaue,
die Pazifische Tigerhebamme,
die breitgerippte Trapezmuschel,
die stachlige Lappenmuschel,
die Pferdehufmuschel,
die Strahlentrogmuschel,
die Europäische Scheidenmuschel,
die Ochsenvenusmuschel ...
Welcher Sammler könnte allein
die Namen der 129 000 Arten aufzählen?
So frage ich mich und staune:
Wer hat sich all die Farben und Formen ausgedacht?
Steht hinter ihrer Vielfalt ein Plan?
Was ist der Sinn?

····· Wohin wir auch blicken, wir stehen staunend vor dem Geheimnis des Lebens. Staunend kommen wir zur Welt. Staunend fragt bereits das Kind: »Warum bin ich ein Mensch und warum nicht eine Muschel? Warum lebe ich auf der Erde und warum nicht im Wasser?« Es sieht die leere Muschelschale und fragt: »Wo war ich, bevor ich geboren wurde? Wo werde ich sein, wenn ich nicht mehr bin?« Das Staunen über Zeit, Raum, Endlichkeit und Ewigkeit ergreift die Kinderseele. Ich bin! Aber ich werde älter, wie Opa und Oma. Das Kind empfindet und weiß, dass es empfindet. Hat auch die Muschel Empfindungen? Weiß sie, dass sie ihr Haus eines Tages wird verlassen müssen?

····· »Ich denke, also bin ich!«, lautet der Grundsatz der philosophischen Selbsterfahrung. René Descartes (1596–1650) hat ihn formuliert. Er wollte sagen: Alles kann mein Verstand in Zweifel ziehen, alles kann Einbildung sein. Die einzige Gewissheit, die ich habe, ist meine Selbstwahrnehmung als Denkender. »Ich denke, also bin ich!« – dieser Satz beschreibt das philosophische Staunen. »Ich empfinde, also bin ich!«, spricht dagegen das Kind in uns. Dieses Staunen geht viel tiefer als alles philosophische Wissen, denn es reicht zu den Wurzeln des Lebens hinab, in jenen geheimnisvollen Urgrund, aus dem alles Lebendige kommt. Das Wesensmerkmal des beseelten Lebens ist die Empfindsamkeit. Was berechtigt uns zu der Behauptung, Tiere hätten keine unsterbliche Seele?

..... »Ich denke, also bin ich!« – mit diesem Satz wird ein Graben zwischen Tier und Mensch gezogen. Das Tier wird zum Objekt. Welche Folgen das für Umwelt und Ernährung hat, sehen wir überall. Wer dagegen sagt: »Ich empfinde, also bin ich!«, sucht nicht die Unterscheidung, sondern die Gemeinsamkeit zwischen Mensch und Tier. Das Geheimnis des Lebens wird berührt.

Es gibt Momente im Leben, da wird die Welt gleichsam durchsichtig. Dann weisen Muschel, Kaninchen und Wellensittich über sich hinaus. Der Urgrund des Lebens beginnt durchzuleuchten. Staunen ist dann nicht nur eine Sache des Augenblicks. Staunen wird zu einer Lebenshaltung. Wer staunt, der sieht in dem Tier nicht nur ein Tier, sondern ein Mitgeschöpf. Der Blick auf die Natur ändert sich. Sie wird uns zur Quelle einer Offenbarung. Wir ahnen in allen Erscheinungen der sichtbaren Welt das Wirken einer unsichtbaren Macht.

..... Die Gabe des Staunens ist in uns angelegt. Wir bringen sie mit auf die Welt. Das Staunen ist zugleich der Kompass in allen ethischen Fragen, vor die uns das Leben stellt. Im Staunen erklingen die Stimmen der Achtsamkeit, des Mitgefühls und der Liebe. Deshalb sagt Albert Schweitzer: »Wahrhaft ethisch ist der Mensch nur, wenn er der Nötigung gehorcht, allem Leben, dem er beistehen kann, zu helfen. Das Leben als solches ist ihm heilig. Er reißt kein Blatt vom Baume ab, bricht keine Blume und hat acht, dass er kein Insekt zertritt. Wenn er im Sommer nachts bei der Lampe arbeitet, hält er lieber das Fenster geschlossen und atmet dumpfe Luft, als dass er ein Insekt mit versengten Flügeln auf seinen Tisch fallen sieht.«

····· Das Mitgefühl ist die unmittelbare Empfindung des Kindes. Das Herz zieht sich zusammen beim Anblick des alten, hinkenden Pferdes und der halbverhungerten Gans mit dem verbogenen Schnabel. Schon der fünfjährige Albert Schweitzer fügt dem abendlichen Gebet mit den Eltern eine heimliche Fürbitte hinzu: »Lieber Gott. Schütze und segne alles, was Odem hat, bewahre es vor allem Übel, und lass es ruhig schlafen!«

Das Muschelhaus verlassen
Die letzte Reise

Wenn sich öffnet das schöne Tor,
Das mit Perlen so reich besetzt ist,
Dann werden wir eintreten
In Schivas goldene Stadt.

INDISCHE MYSTIK

····· Maskenhaft war das Gesicht der ersten Toten, das ich sah. Es gehörte unserer Lehrerin. Sie wurde mit »Fräulein« angesprochen, wie alle unverheirateten Frauen damals. Fräulein Zellmann unterrichtete uns in der ersten und zweiten Klasse mit hartem Drill. Selbst der Vater hatte vor ihr Respekt. Dann kam eines Tages Rektor Greffin in den Klassenraum und teilte uns ihren Tod mit. Die Klassensprecherin sollte an der Beerdigung teilnehmen. In kindlicher Unschuld freute sich Wiebke Faber über den freien Tag. Das erregte den Zorn des Direktors, und so war es meine Aufgabe, die Klasse zu vertreten. Die Begegnung mit der gefürchteten Lehrerin am offenen Sarg traf mich unvorbereitet. Monate später stand ich in der Küche und weinte. Die Mutter nahm mich in den Arm und fragte nach dem Grund. »Ich will nicht sterben!«, war meine Antwort. »Aber du hast doch noch so viel Zeit zu leben«, sagte die Mutter. Ja, gewiss, dachte ich. Aber ich werde eines Tages sterben müssen und niemand,

auch die geliebte Mutter, wird mir dieses Sterben abnehmen
können. Jeder stirbt einen eigenen Tod.

...... Und noch ein Schlüsselerlebnis taucht auf, wenn ich über
frühe Todeserfahrungen nachdenke: Ich war etwa zwölf Jahre alt,
als die ersten Vorabendserien im Fernsehprogramm zu laufen
begannen. Um 18.30 Uhr waren die Straßen leergefegt, und
alle Freunde schauten »Belphegor«. Am nächsten Tag wurden
in der großen Pause auf dem Schulhof die einzelnen Szenen
nachgespielt. Belphegor hieß das Medium, mit dem eine Verbre-
cherbande Kunstschätze aus dem Louvre stahl. Es wurde von
Juliette Greco gespielt. Belphegor trug eine Maske, die mich an
das leblose Gesicht der Lehrerin erinnerte. Zwei Jahre lang verfolgte mich diese Maske in meinen Träumen.

...... In der Mitte meines Lebens verschwand die Angst vor dem
Tod. Es war das Bild der Muschel, das mich befreite. Ich hatte
seit frühester Kindheit Muscheln gesammelt und wusste, dass
die Muschelschalen und Schneckenhäuser nur die Überreste des
Muscheltieres waren. Sie sind so wenig das Tier selbst, wie das
Knochengerüst, das uns trägt, allein ein Mensch ist. Und doch
hatte ich das Geheimnis der Muscheln am Strand nicht verstanden. Viel später erfuhr ich von dem Brauch, den Toten Muscheln
als Grabbeigaben mit auf den letzten Weg zu geben. So ist auf
römischen Grabaltären häufig eine von zwei Delfinen umgebene
und von zwei Amoretten getragene Muschel abgebildet, in der
sich das Bild der Verstorbenen befindet. Ein ähnlicher Brauch ist
noch heute bei vielen Jakobspilgern lebendig. Wer Santiago de

12

Compostela pilgernd erreicht hat, bekommt eine Jakobsmuschel
verliehen. Sie wird eines Tages dem Verstorbenen auf das Herz
gelegt, damit sie bezeugt:

Du bist deinen Weg gegangen,
jetzt hast du dein Muschelhaus verlassen.
Der weiche Kern wird endlich sichtbar,
die nackte Wahrheit deines Lebens tritt hervor.
Jetzt brauchst du dich nicht mehr zu verstecken,
jetzt benötigst du keinen Panzer mehr,
du gehst ins Licht und bist frei.

...... Abbilder können zerstört werden, Urbilder nicht. Die Seele
verlässt die Muschel und begibt sich auf ihre letzte Pilgerreise. Wo
geht sie hin? Sie kehrt zu ihrem Ursprung zurück und taucht ein
in das Geheimnis. Was aber nimmt sie mit? Was bleibt von uns?
Alles, was wir gesammelt haben, werden wir eines Tages loslassen
müssen. Keines von unseren äußeren Besitztümern werden wir mit
nach drüben nehmen, kein Haus, keinen Baum, kein Auto, kein
Handy. Das letzte Hemd hat keine Taschen und die Pilgermuschel
auf dem Herzen ist leer. Niemand wird uns nach der Höhe unseres
Bankkontos fragen, niemand wird wissen wollen, wie weit wir es im
Beruf gebracht haben.
...... Was allein bleibt, ist die innere Welt. Was bleibt, sind unsere
Erfahrungen, auch die schmerzhaften, und das Staunen über
den inneren Reichtum. Dieses Staunen wird kein Ende nehmen,

ja es wird noch wachsen, wenn wir erkennen, wie wir schon jetzt erkannt sind. Dann werden wir reines Staunen sein und voller Bewunderung. Unsere Seele wird in ein neues Muschelhaus einziehen. Sein Name ist Dankbarkeit.

Literatur

Hans Aebli, Santiago, Santiago ... Auf dem Jakobsweg zu Fuß durch Frankreich und Spanien, Stuttgart 1990. | *Thorge Arp/Dennis Barnekow,* Muscheln begreifen! Ein Tastschlüssel zum Bestimmen von Muscheln. In: Unterricht Biologie, Juni/1995. | *Odo Casel,* Die Perle als religiöses Symbol. In: Benediktinische Monatsschrift. Maria Laach, 6/1924, 321–327. | *Grzimeks Tierleben,* Weichtiere und Stachelhäuter, München 1993. | *Anne Morrow Lindbergh,* Muscheln in meiner Hand, München ²¹2008. | *Hans Meinhardt,* Wie Schnecken sich in Schale werfen. Muster tropischer Meeresschnecken als dynamische Systeme, Heidelberg 1997. | *Friedrich Ohly,* Tau und Perle. In: Schriften zur mittelalterlichen Bedeutungsforschung, Darmstadt 1977, 274–292. | *Friedrich Ohly,* Die Geburt der Perle aus dem Blitz. In: Schriften zur mittelalterlichen Bedeutungsforschung, Darmstadt 1977, 293–311. | *Friedrich Ohly,* Die Perle des Wortes. Zur Geschichte eines Bildes für Dichtung, Frankfurt a.M. 2002. | *Annemarie Schimmel,* Nimm eine Rose und nenne sie Lieder. Poesie der islamischen Völker, Köln 1987. | *Felix Teichner,* Perlen des Glaubens: die Gebetsschnur in Islam und Christentum. In: Uta von Freeden/ Alfried Wieczorek (Hg.), Perlen. Archäologie, Techniken, Analysen. Akten des Internationalen Perlensymposiums in Mannheim vom 11. bis 14. November 1994, Bonn 1997, 325–337. | *Gerhard Tersteegen,* Kleine Perlenschnur. Nachdruck der fünften Auflage, Mülheim a.d.Ruhr 1882. | *Hermann Usener,* Die Perle. Aus der Geschichte eines Bildes. In: Vorträge und Aufsätze, Leipzig und Berlin 1907, 219–231. | *Fred Woodward,* Muschel. Das neue kompakte Bestimmungsbuch, Köln 1997.

Alle Rechte vorbehalten
© 2011 Matthias-Grünewald-Verlag der Schwabenverlag AG, Ostfildern
www.gruenewaldverlag.de

Gestaltung: Finken & Bumiller, Saskia Bannasch
Umschlagfoto: © sieben_wuensche-photocase.com
Druck: Kösel, Krugzell
Hergestellt in Deutschland

ISBN 978-3-7867-2860-3